JN108802

SHIN-KANKAKU

NOH JESU

心感覚

正しい絶望からはじまる究極の希望

イースト・プレス

正しい絶望からはじまる究極の希望

はじめに

「絶望しなさい」

こんなふうに言われたら、驚いてドキッとするのではないでしょうか。

「なぜそんなこと言われなきゃいけないのか」と、怒りが湧くかもしれません。

人間関係、仕事、家族、恋愛、お金、健康、メンタル、社会情勢など、人生は思うようにならないことばかり。

これまでもさんざん絶望してきたのに、さらに絶望しなければならないのか……と、嫌気がさす人もいるでしょう。絶望の真っただ中にいる人にとっては、追い打ちをかけるな！ と抵抗するかもしれません。

多くの人は、

「夢や希望を持とう」

「絶望しそうなときでも、希望に目を向けるべきだ」

と、ポジティブなメッセージを口にします。

自分にも他人にも「絶望ではなく希望に目を向けるようにしてきた」はずです。

バラク・オバマは、「絶望を感じないようにする最善の方法は立ち上がって何かすること」と言いました。

マイケル・ジャクソンは、「絶望に満ちた世界にあっても、あえて夢を追わなければならない」と言いました。

ジョセフ・マーフィーは、「絶望は死に至らしめる毒薬であり、希望はどんな重病をも治癒させる特効薬です」と言いました。

でも、あえて言います。

「絶望してください」と。絶望が足りなかったのだ、と。

ハーバード大学の意思決定センター（Harvard Decision Science Lab）では、ネガティブな感情は、「怒り」「イライラ」「悲しみ」「恥」「罪」「不安（恐怖）」の6つ、ポジティブな感情は「幸せ」「誇り」「安心」「感謝」「希望」「驚き」の6つ、計12に分けて研究が進められています。

この12個の感情の中で「希望」だけが持っている面白い特徴がひとつあるそうです。それは「希望という感情は絶望の後にしか現れない」ということです。

この研究結果が示すように、「希望」という感情に出会うには、「絶望」というプロセスを通過しなければなりません。ですが私たちは絶望をスルーして、希望ばかりを強調してきました。

では、そんな私たちは望んだ世界を叶えたのか。

答えはノーです。

希望が叶ったようにみえてもバブルでしかなく、あっという間に弾けます。

それなのに、希望をはばむ難敵はモグラたたきゲームのように、抜いても抜いても生えてくる雑草のように次から次へと現れ、その難易度も上がる一方です。

これが続くとどうなるでしょう。

「どんなにがんばっても終わりがない」

「もうがんばりたくない」

「がんばらずに適度に生きよう」

こんな諦めスイッチが入り、しまいには無力感や虚無感に襲われかねません。

ハッキリ言います。希望にアプローチするのは間違いです。

カギは絶望にあります。

しかも、ただの絶望ではなく「正しい絶望」、これが重要です。

「絶望なんて見たくもない。経験もしたくない」

と、心がザワついたあなた。大丈夫です。

わたしが言う「絶望」は、経験や体験を伴う絶望ではありません。

体験型の絶望は、抽象的で、中途半端で、個人的な絶望です。

正しい絶望とは、老若男女も肌の色も問わない絶望、つまり人間共通の絶望、

「思惟（思考）」による絶望であり、最も深い絶望です。

正しい絶望と出会えた先にあるのは、究極の希望との出会いです。

正しい絶望との出会いは、自分を変えるチャンスです。

スッキリした心でいつも満たされ、二度とへこまない人生に変化するだけでなく、影響力を持つあなたにもなれるのです。

800万年の人類史において、初めて明かされる絶望の秘密。まだ見ぬパンドラの箱を開けましょう。

ノ・ジェス

目次

2章 絶望バトル 中途半端な絶望VS正しい絶望 057

3章 正しい絶望とは何か 135

1章

中途半端な絶望

絶望は「絶望」じゃなかった

Ado『うっせぇわ』が流行った理由

ノジェス さっそくですが、「うっせぇわ」という曲をご存じですか？

質問者 シンガーのAdo（アド）さんの楽曲ですよね。流行った当時はよく聴いていました。YouTubeの再生回数は、公開から5ヶ月で1億回を突破したそうですね。

ノジェス 強烈なインパクトを残す曲ですよね。中毒性がある迫力の歌声にも驚きました。とはいえ、あそこまで流行った理由は何だと思いますか？

質問者 時代の代弁者ってことじゃないですか。初めて聴いたときは、「よくぞ言ってくれた！」と胸のすく思いがしました。実はわたしも「うっせぇ」って、心の中でよく叫んでいます。声にはしませんけど。

ノジェス 「うっせぇわ」は若者の声のようで、実は多くの人が抱えている感覚をストレートに表現していますよね。社会への不満をエモーショナルに一蹴してくれています。

質問者 今の人たちって、パンパンに膨れ上がった風船みたいだなと思うことがあります。

ほんの少し刺激しただけで、バン！　と爆発しそうでヒヤヒヤものです。

ノジェス　「誰も本音を言わない時代」ですから、ため込んだものが爆発するのは時間の問題でしょう。でも、本音を抑え込んで、自分を誤魔化しながら、笑顔で取り繕いながら日常をやり過ごすにも限度があります。

質問者　分かります。だからわたしもストレスメーターがいっぱいになると、買い物、カラオケ、お酒、ＳＮＳの裏アカウントなどで小出しにガス抜きしています。そうやって何とか持ち堪えてきたけど、ここにきて新型コロナウイルスパンデミックにも振り回され、自然災害も年々ひどくなる一方で、みんなメンタル崩壊の秒読み状態だと思います。

ノジェス　時代はすでに末期がん状態と言ってもいいくらいです。この危機的な状況をどうしたら突破できると思いますか？

質問者　それが分かればいいのですけどね……。でもまあ、明るい未来への希望がほしいかな。ネットに溢れるネガティブ・キャンペーンの嵐はもうウンザリ。ポジティブで前向きになれる希望があれば、ちょっとは気持ちが上がるかも。

ノジェス　少しでも希望を見出したい気持ちは分かります。でもそれ、間違っています。わたしの診断はこうです。人間は、「正しい絶望」ができていなかった。だから、中途半端な絶望で傷だらけになってしまっているのだと。だから「正しい絶望」をおススメします。

質問者　何を言い出すんですか。今は希望や癒やしが必要でしょう。なのに、「絶望しろ」と言うなんて……。これ以上、絶望なんてみたくもないし、経験したくもないです。

ノジェス　そんなあなたに、さらなる絶望を提案するわたしは、まるで悪魔ですよね。ところで、ハーバード大学の感情を研究する機関では、希望を感情のひとつとして扱っていて、「希望という感情は絶望の後にしか現れない」という特徴があると言っています。

質問者　そうなのですか。できるなら絶望はすっ飛ばして希望にひた走りたい……。

ノジェス　その願いこそバブルです。そんな淡い期待は捨てましょう。希望と絶望はワンセット。それなのに片方だけなんて都合がよすぎます。この研究結果が示すように、「希望」という感情に出会いたかったら、まずは「絶望」というプロセスを通過することです。

質問者　なるほど……。「世界はすでに絶望一色なのに、さらに絶望を煽ってどうするつもり？　アタマがおかしいの？」と、最初は怒りを覚えましたが、今の話を聞いてちょっと落ち着いてきました。

気になるのは、「正しい絶望」と言っているところです。ただの「絶望」ではなく、「正しい」という言葉の裏に何かがあるのではないか、と。今まで散々、絶望したから希望に走ってもいいのではという考えもよぎりましたが、「正しい絶望」というのが引っ掛かって……。ですから今の気持ちは、期待半分、疑い半分です。

ノジェス ポイントはそこです。絶望にも種類がありますからね。

質問者 「正しい」の裏を返せば「偽り」になりますよね。ということは、これまでの絶望は「正しくない＝ニセモノ」ということですか？

ノジェス これまで感じてきた絶望感がニセモノだと言われたら、ますます気分を害するかもしれませんが、その通りです。

質問者 やっぱり。となると、いろんな疑問が湧いてきます。「ニセモノの絶望って何？」「正しい絶望って何？」「ニセモノの絶望だとどうなるの？」「正しく絶望するとどうなるの？」「そもそもなぜニセモノの絶望と正しい絶望があるの？」「ニセモノだったら今まで感じてきた絶望は無駄だったの？」「どうしたら正しく絶望できるの？」……。わー、ちょっと混乱してきました。

ノジェス 順調にカオスになっていますね。でも、自分の中に「??」と疑問が生まれた時はチャンスです。あなたが挙げていた疑問はどれも大事ですから、ひとつずつ順を追ってみていきましょう。

質問者　もしよかったら「正しい絶望の仕方」から教えてもらえませんか。だって、それさえできればいいいんですよね？　手っ取り早くサクッと知れたら、すぐにラクになる気がします。

ノジェス　それだと、お腹が痛くて病院に行って、診察もせずに「薬ください」って言っているのと同じですよ。そんな患者さんに処方箋だけ渡すお医者さんはいません。まずは診断して、病気の原因が分かって、それに見合う処方をするように、ものごとには順序があります。プロセスをひとつずつクリアしながら焦らずいきましょう。

大まかには、以下の3ステップです。

1　これまでの絶望を知る（現在地診断と原因）

2　正しい絶望を知る（処方箋）

3　正しく絶望したらどうなるの？（処方後）

質問者　確かに診断抜きで薬だけ処方されても、「この薬はわたしの症状に合っているのかな」と不安になりますね。もともとハウツー（やり方）に飛びつきやすいタイプですが、ハウツーを取り入れてもイマイチうまくいかなかったのは、「必要なプロセスをすっ飛ばしていた」からだと分かってスッキリしました。

現実＝VRゲーム!?〜思考実験をしてみよう〜

ノジェス　ところで、VR（Virtual Reality／バーチャルリアリティー）ゲームの体験はありますか？

質問者　何度か遊んだことはあります。ジェットコースターのVR体験をしたときは驚きました。現実さながらのスピード感や落下の感覚まであって、胃がひっくり返りそうになったり、落下する恐怖の感情も湧いたりしました。頭では「これはVRゲームだ」と分かっているのに、時間が経つにつれて、体感や感情が勝ってしまうんです。で、ゲーム後に椅子から降りたときは、頭はクラクラするし、足元もふらついて、実際のジェットコースターを降りたときと同じような状態になりました。でも、やっていることと言えば、ただＶＲのヘッドセットを着けて椅子に座っているだけでしょう。今後、ＶＲの画質がもっと鮮明になったら、現実だと錯覚してしまいそうなくらいリアルでした。

ノジェス　想像してみてください。もし生まれた瞬間にＶＲのヘッドセットを着けられたとしたら。そして装着していることにも気づかずにいたとしたら……。

質問者　え？　だとしたら……、「ＶＲのヘッドセットを通して見た世界＝現実」になるのかな。ＶＲゲームのなかで知覚したものが、実際に起こっていると思い込む……。

ノジェス　そうなりますよね。ＶＲゲームでジェットコースターを体験したように、ＶＲゲームで料理をしたり、仕事をしたり、喧嘩をしたりしながら、泣いたり、笑ったり、怒ったりして、それらを「人生」と呼ぶようになるでしょう。

質問者　確かにＶＲゲームのなかしか知らないのなら、その人にとっては「ＶＲゲームのなか＝人生」になるかもしれませんね。けれど、それは「本当の人生」とは言えないと思います。

ノジェス　じゃあ、「ＶＲゲームのなか＝人生」だと思い込んで、ゲームのなかで起こる出来事に一喜一憂しながら、絶望のどん底に落ちている人がいたらあなたはどうしますか？

質問者 うーん。本人には申し訳ないけど、傍から見たらちょっと滑稽ですからね……。VRのヘッドセットを外せば済む話なので、「ヘッドセットを外したらどうですか」と提案するかもしれません。ただ、本人はショックでしょうから、ちょっぴり声をかけにくいです。

ノジェス ショックがありつつも、外した瞬間に絶望のどん底からは解放されますよね。「絶望だと思い込んでいたけど、何ひとつ問題はなかったんだ！ うっかり！」って。

質問者 はい。最初は受け入れられずに戸惑うかもしれませんが、状況がのみこめたら安心して胸をなでおろすでしょうね。悪夢から目覚めたような感覚かも。

ノジェス そうですよね。そうしたら、

「あなたもVRのヘッドセットを外したらどうですか？」

質問者 えっ？ わたしですか？ わたしはVRのヘッドセットは着けていませんよ。へんな冗談はやめてください。

ノジェス 着けていないと思っているでしょう。それが「思い込み」だと疑うこともありませんよね。確かにパッと見ただけではVRのヘッドセットなんか「無い」と思うはず。

でも実は、生まれた瞬間から内蔵していて、その存在に気づかなかっただけだとしたら？

質問者　そんなバカな……。でも、もし事実なら、この現実は「ＶＲゲームのなか」ということですよね。

ノジェス　その通り。だとしたら、ＶＲゲームのなかでの絶望は「ニセモノの絶望」ですよね。

質問者　そう言われたらそんな気もするけど、まだ「そんなはずはない！」と反発心がムズムズ湧いてきます。現実がＶＲゲームと変わらないことも、そのなかで起こる絶望がニセモノだということも、ぜんぜん受け入れられないです。

ノジェス　今の段階で受け入れられないのは当然です。なぜＶＲのなかと言えるのかは、まだお話ししていませんからね。焦らずスモールステップを重ねていきましょう。

繭(まゆ)のなかのサナギ〜自分しか観られない映画〜

ノジェス 日本では、小学校の低学年でカイコ(蚕)の飼育をするそうですね。

質問者 はい、夏休みには幼虫が食べる桑の葉を毎日、取りに行きました。夏休みが明けるころには徐々に繭になっていくので、その様子を見ながら、不思議な気持ちになりました。糸を吐いて自分の身体を包み込む繭をつくる幼虫は、本当に器用だなあと。

ノジェス あなたも器用に繭をつくっていますよ、今も。

質問者 えっ。わたしが繭をつくっている? 繭なんてどこにもありませんけど。

ノジェス 繭なんて「無い」と思うのは無理もありません。でも、カイコの幼虫が糸を吐いて自分の身体の外側に繭をつくるように、今あなたも自分の五感と脳をフル稼働させながら、せっせと繭をつくっているのです。

質問者 VRの例えよりもピンときません。いったいどういうことですか?

ノジェス 138億年前に宇宙がビッグバンして、数多の銀河や惑星が生まれ、その中の

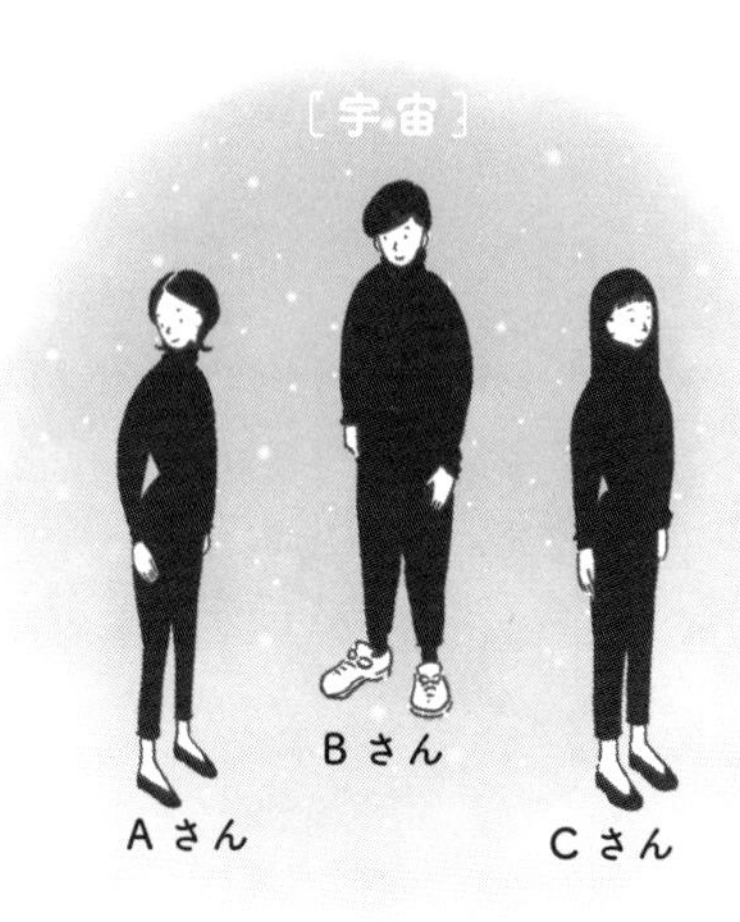

138億年前のビッグバンから、今なお加速膨張をし続ける物理的な1つの宇宙。そのなかで、銀河系や太陽系、地球などの惑星や、動物、植物、人類などが誕生し、共存しているという一般的な宇宙観。

ひとつが生命の惑星・地球です。そしてその地球のなかで動物や植物、人間、わたしたちが生きていますよね。この「物理的な宇宙」は何個ありますか？

質問者　宇宙は1個だけでしょう。スピリチュアル大好きなママ友は「パラレルワールドがあって、異次元宇宙のわたしは違う生き方をしているはず」なんて言いますが、恐らく宇宙は1個で間違いないと思います。

ノジェス　パラレルワールドは遠いどこかの話ではなく、実は今ここがパラレルワールドです。物理的な宇宙は1個ですが、意識の宇宙は無限にあり数えられません。

この絵のように、**「宇宙＝繭」「身体の自分**

意識の宇宙は無限にある。「宇宙＝繭」「身体の自分＝サナギ」。ひとりひとりがまったく異なる宇宙の住人。あなたの宇宙はあなただけのもの。一度も誰ともあなたの宇宙を共有したことがない。

＝サナギ」だとイメージしてみてください。あなたにはあなたの宇宙があって、わたしにはわたしの宇宙、AさんにはAさんの宇宙、BさんにはBさんの宇宙があります。パッと目で見れば、「物理的なひとつの同じ宇宙」に存在しているようにしか見えません。でも実は、ひとりひとりがまったく異なる宇宙の住人です。宇宙はその人だけのもの。あなたの宇宙はあなただけのもの。一度も誰とも共有したことがありません。「誰もが1つの同じ宇宙を生きている」というのは、五感と脳による壮大な勘違いです。

質問者　ひとりひとりがまったく違う宇宙で生きていると言われても、どう見ても「宇

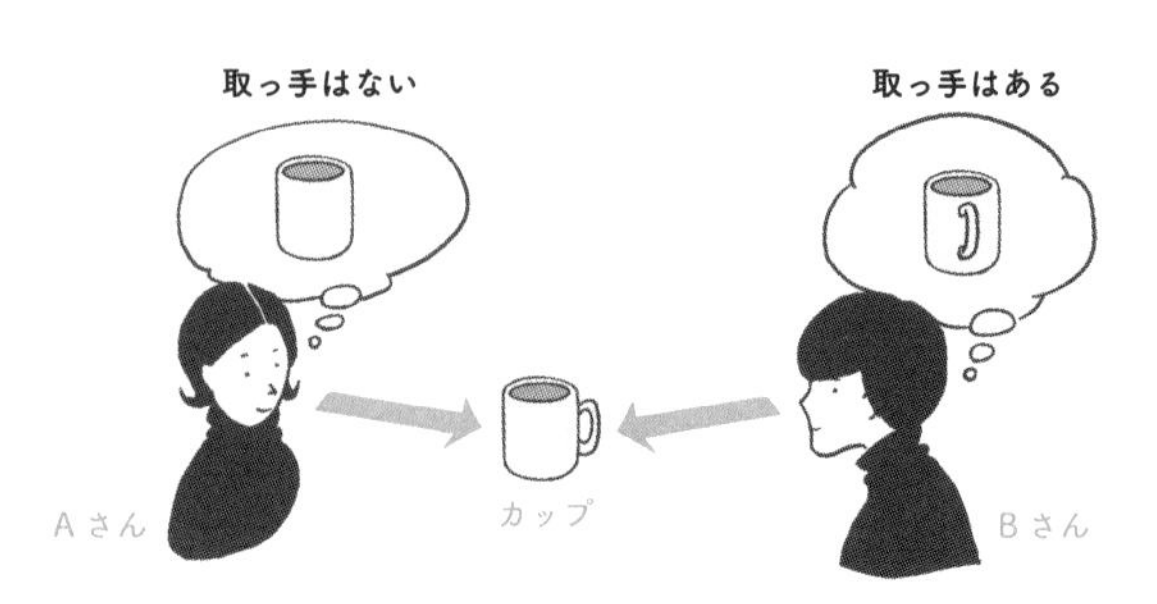

見る側のポジションによって、ひとつのカップがまったく違って見えるため、「見る側の数だけ違うカップ」が存在する。宇宙も見る側の数だけ存在する。誰もが同じように見えていると思うのは間違い。

宙は1つ」にしか見えません。もう少し具体的に教えてください。

ノジェス　このカップは、あなたから見ると「取っ手つきのカップ」でしょう。でも、わたしから見たら「取っ手がついていないカップ」です。

質問者　見る側のポジションによって、ひとつのものがまったく違うように見えますね。

ノジェス　はい、「同じひとつのカップ」を見ているようで、実は「見る側の数だけ違うカップ」が存在しています。当然、カップに限定して起こるのではありません。カップも、ペンも、スマートフォンも、すべてのモノごとに起こります。

質問者　見る側のポジションによって違って見えることは納得です。だからといって、「宇宙が無数にある」というのは論理が飛躍しすぎているのでは?

ノジェス　見る側のポジションだけじゃなく視力もそれぞれ違います。Aさんの視力は1.5、Bさんは0.3だったら、2人は「同じカップ」として見えていませんよね。人間同士でも五感や脳はまったく同じではないので、模様や色、形の見え方も人それぞれ微妙に違います。

では、犬がこのカップを見たときはどうでしょう。わたしたち人間と同じような色や形として見ていると思いますか？

質問者　犬の色の世界は人間とは違うらしいです。赤や緑は、くすんだ黄色に見えているとか。「赤は食欲をそそる色だから」と赤っぽいドッグフードを愛犬に食べさせていたのですが、「わたしにとっての赤は、犬にとってくすんだ黄色」だと知ったとき、「わたしの独りよがりだったんだ」と虚しくなりました。

ノジェス　それは残念でしたね。ところで、あなたはこのカップにどんな印象を持ちましたか？

質問者　色がキレイで普段使いに良さそうなのでわたし好みです。ノジェスさんは？

ノジェス　わたしにはちょっと小さいので使い勝手が悪そうだなあと。このようにカップひとつをとっても、イメージは人それぞれです。同じカップでも意味や価値も違えば、用途や機能すら違うこともあります。「カップ」という名前も「小物入れにピッタリ」と思えば、その人にとっては「小物入れ」という名前になり、花を挿せば「花瓶」になります。

質問者　確かに人によって、どんな意味を持つのかも価値も違いますね。けど普段は気に留めていないかも……。みんな同じように見えていて、同じように思うだろうと、漠然と思っていた気がします。

ノジェス　どんな人、どんな存在から見るのかによって、カップは無数に存在します。そしてこれは、すべてのモノや概念に通用することです。つまり、

あなたと同じ画面を見ている人はひとりもいないのです。

これまでも・今も・これからも、誰一人として、あなたとまったく同じ画面を見ることはできません。**ほんの一瞬でも、一分一秒たりとも、誰とも、何ひとつ共有したことも、共有されたこともない。誰とも出会ったこともない。**

「あなたの宇宙」はあなただけのもの。誰もが、「まったく異なる宇宙のなか」で生きているのです。

質問者　事実ならかなりショックです。仲良しのママ友と買い物に出かけたとき、「カワイイね」「うん、カワイイ」って、いつも盛り上がっていたけど、わたしが見ているモノ

自体もママ友と違うし、「カワイイ」の中身もママ友と違っていたということでしょう。一緒に買い物して、一緒に共感して、一緒に楽しんでいると思っていたのは幻想だったのかと思うとなんだか悲しい……。

ノジェス　悲しくなりますよね。生まれてから誰もが別の宇宙で生きているということは、「分かり合っていた」「共感していた」と思ってきたことすべてが「たんなる自分の思い込み」だったということです。何ひとつ例外なく、「分かり合っていなかった」ので、誰とも心を通わせることなく人生を終えてきたのが、わたしたち人間の800万年の歴史です。

質問者　そう言われても「分かり合っていたもん！」と反論したいです。でも、今この一瞬のわたしの画面すら誰とも共有できなければ、分かり合うなんて、とうていムリな話ですね……。

ノジェス　「1本の映画を1000人が観れば、1000通りの映画が上映されている」と言った方がいますが、まさにその通りです。あなたしか観ることができない、あなただけの映画を、生まれてから死ぬまで「映画だと思わないまま」上映し続けている。それがあなたの人生なのです。

ありのままを見ることは絶対にできない「目」

質問者　わたしだけの映画をずっと上映し続けているなんて、にわかには信じられません。ただ、話の筋は反論の余地がないので、いったん受け止めます。まあでも、「わたしだけの映画」とはいえ、「わたしは映画監督だ」と思えばちょっと嬉しいです。まるでクリエイターになった気分です。

ノジェス　今日は「絶望」の話ですからね。喜んでいると奈落の底へ突き落とされるかもしれませんよ（笑）では質問です。あなたが映画をつくるときに使う「道具」は何ですか？

質問者　目で見て「わたしだけのカップ」だったので……。「五感」でしょうか。

ノジェス　はい、五感と脳を道具に映画をつくって上映していますね。では五感と脳がどんな働きをしているのかはご存じですか。四六時中、使っている道具だけど、案外よく分からないままではありませんか？

質問者　そう言われると……。考えたことも意識したこともほとんどありません。

ノジェス　そんなものですよ。ところで特に多くの女性は紫外線を気にして対策をしていますね。あなたはどうですか？

質問者　顔だけはカバーしようと日焼け止めクリームは欠かさないようにしています。

ノジェス　その紫外線、あなたの目には見えますか？

質問者　いいえ、まったく見えないです。

ノジェス　そうですよね。人間の目は特定の波長を「色」として感じています。およそ380〜780ナノメートルの範囲の波長が物体で反射され、その反射を目がとらえた結果、色（赤・橙・黄・緑・青・藍・紫）として認識します。ちなみに、可視光線の範囲を超えると、赤の外は赤外線、紫の外は紫外線と呼ばれます。

このほかにも、X線、γ線、宇宙線など様々な波長がありますが、人間の目がキャッチできるのは可視光線の範囲だけ。無限にある波長のなかのほんの一部分に針の穴をあけて覗いているようなものです。また、可視光線の範囲内でも〝マリオット盲点〟と言って、視界のなかに「ものが見えなくなる場所」が存在することもあります。でもどうでしょう。普段、「何かが見えていないのでは？」と、あなたが見ている画面を疑いながら生活していますか？

質問者　いえ。過不足なく「見えている」と思っています。もし、「何かが見えていないかも」と、見える世界に疑いを持ちながら生活していたら、めちゃくちゃ疲れそう。

あー、でも……。ほとんどが目には見えていないということですよね、実際は。

ノジェス　見えていないものだらけです。例えば今、「骨」は目に見えませんよね。でもレントゲンのようにX線をとらえる機能の目だったなら、筋肉や脂肪などは見えずにガイコツのように見えます。もし、生まれつきX線で見る人がいたならば、その人にとって筋肉や脂肪は「ある」と言えるでしょうか？　また、表情や肌の色、太っている・痩せているという概念を持つでしょうか？

質問者　「ある」と疑わなかったものも、X線で見れば「無い」のが当たり前になりますね。となると、「ある」とか「無い」って何なんだろう？

ノジェス　また、普段は髪の毛の太さほどの0.1ミリメートル（100マイクロメートル）程度しか見えませんが、電子顕微鏡のような機能の目ならミクロの世界が広がります。可視光線で見た世界、X線で見た世界、電子顕微鏡で見た世界、どれが正解で、どれが間違っていますか？

質問者　うーん。「わたしが普段、見ている世界が正解」と言いたいところですけど、「どれも不正解」ということになるのかな。

ノジェス　そうです。可視光線という条件ならこう見える、X線という条件ならそう見える、というように、どれもが「ある条件によるもの」です。ひとたび条件が変われば結果が変わるので、どれも正解とは言えません。

無限の波長のなかの針の穴程度の情報を寄せ集めただけなのに、「目で見た世界が絶対だ、すべてだ」と疑わず、いつも「あなたの目」を基準に日常生活を送ってきましたよね。

人間の五感による知覚の割合は、視覚83％、聴覚11％、嗅覚3.5％、触覚1.5％、味覚は1％と言われているように、わたしたち人間は視覚情報に大幅に頼っています。ですが、この「目」という基準点は、果たして信頼に足るものなのかということです。

質問者　どうやら、「目」が基準では、かなり危ういということが分かってきました。五感はセンサーのようなもので反応可能な範囲がある。なのに、「ちゃんと全部見えているし、聞こえている」と目や耳を疑うことなく絶対視していました。

日頃、「見た・見ていない」、「聞いた・聞いてない」で揉めることが多いので、耳が痛いです。

ノジェス　「今ここを生きる」「今ここを感じましょう」など、〝今ここ〟という単語がありますよね。これも目が基準では絶対にムリです。

質問者　え？　瞑想とかで、「五感を研ぎ澄ませて、今ここに集中しましょう」なんてやっていますよね。でも五感で〝今ここ〟は感じられない？

ノジェス　窓の外に太陽があります。あなたが見ている太陽は「今」の太陽でしょうか？

質問者　そうだと思いますけど……、違うのですか？

ノジェス　目は可視光線の反射をとらえると言いましたよね。太陽から地球までの距離はおよそ一億五千万キロメートルなので、太陽の光が地球に到達するのに約8分かかります。だからわたしたちは、およそ8分前の太陽を見ているのです。

太陽だけではなく目の前にあるペンもカップも、可視光線が反射して目に届くまでの距離があります。なので、目では「過去の姿」しか見ることができません。

質問者　うわあ。過去しか見ることができないなんてショックです。でも、目に届く距離がバラバラなのに、「すべてが同時に今ここ存在している」ように見えますよね。それ自体も驚きです。

ノジェス　脳の情報処理能力も奇跡としか言いようがないですね。

ここまでは目についてみてきましたが、耳、鼻、口、皮膚も同じです。例えば耳。可聴範囲は周波数で20～2万ヘルツですから、超音波や超低周波音は、人間には認識できません。

ですがイルカは人間の7倍以上も高い音を認識するので、超音波でコミュニケーションをしています。

人間の五感は人間特有であり、あなただけの感覚です。この五感では、ありのままを見ることも、聞くことも、嗅ぐことも、味わうことも、触ることもできない。これが人間の五感のデフォルト（初期設定）です。

質問者　五感を疑って生きてきたことはなかったけど、「五感に頼っていていいのか？」と疑心暗鬼になってきました。

ノジェス　当たり前を疑うことは重要です。五感は騙す道具です。生まれてからずっと、五感に騙され続けてきたことは分かってきたようですね。

だからわたしは、つねづねこう言っています。「今ここ、目で見ちゃダメ」とね。

さらに突っ込んで言えば、そもそも「目で見ることは不可能」です。どういうことなのかは、また後ほど触れましょう。

脳はポンコツ!?〜脳の認識のクセを知ろう〜

質問者 目で見られない？　意味不明すぎてキツネにつままれたようです。それを考えると思考停止しそうなので、まずは「映画をつくる道具」の2つ目、脳について教えてください。脳科学もわりと一般的になり、脳の仕組みを語る方も多いので、興味を持ち始めたところでした。

ノジェス わたしが発見した「脳の認識のクセ」は、世界の誰も語っていないオリジナルなので楽しみにしてください。早速ですが、この絵は何に見えますか？

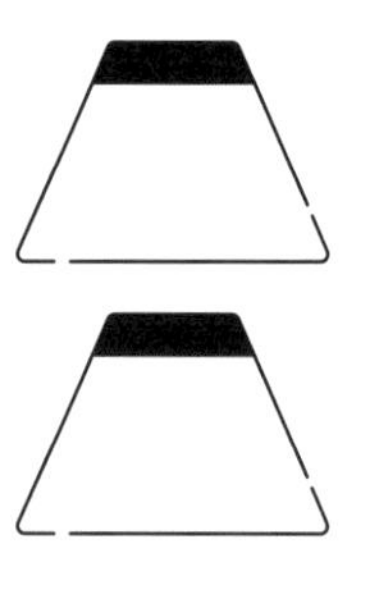

質問者 形と色のコントラストからすると、「プリン」ですか。

ノジェス 「プリン」と答える方は多いですね。人によっては、「跳び箱」「山」「台形」などさまざまですが、ここでは「プリン」と呼びましょう。

では、上下に並んだ2つのプリンを比べると、どちらが大きく見えますか?

質問者 上のプリンが大きく見えます。

ノジェス では上下のプリンを入れ替えたら、どうなるでしょうか。先ほどは「上」が大きかったのだから、上下を入れ替えたら「下」が大きく見えるべきです。なのに、入れ替えた後も、入れ替える前と同じように、「上」のプリンが大きく見えませんか?

質問者 あれ? おかしいですね。いったいどうなっているのでしょう?

ノジェス この2つのプリン、実は同じ大きさです。でも、このような条件で並べると、必ず上が大きく見えてしまいます。これは「脳の認識のクセ」によって起こる現象です。

質問者 脳の認識のクセ? 初めて聞きました。そのクセが作用して同じ大きさのプリンを違う大きさのように歪曲して見てしまうのですか?

ノジェス そう、脳の巧妙なトリックに、うっかり騙されているのです。

脳の認識のクセは、以下の4つで整理できます。

①「部分」だけを認識するため、「全体」を認識できない
②「違い」だけを認識するため、「共通」を認識できない
③「過去」とつなげて認識するため、過去・現在・未来などの時間の概念から自由な「今ここ」を認識できない
④「有限化」して認識するため、「無限」を認識できない

質問者　脳の認識のクセと「上のプリンが大きく見えること」と、どんな関係があるのですか？

ノジェス　はい、説明しますね。

①パッと見たとき、「プリン2つの全体」を認識していると思いますよね。ですが実は、上のプリンの下辺と、下のプリンの上辺のあたりの「部分」だけを脳は認識します。

②次は、上のプリンの下辺と、下のプリンの上辺の「違い」を比べ、上のプリンの下辺が長いことから、瞬時に「上のプリンが大きい」と脳が判断します。

③始めに「この絵は何に見えますか」と尋ねたとき「プリン」と答えましたね。それは、「過

去」にプリンを見たり、食べたりした経験があるからです。もし、あなたが平安時代に生まれたとして同じ質問をしたら「プリン」とは答えられませんよね。

④「ここまではプリン、ここからはプリンじゃない」と範囲を決めて、境界線をひくのが「有限化」です。

質問者 なるほど。脳の認識のクセがあるから、「2つのプリンは同じ大きさ」だと分かったとしても、どうしても上のプリンが大きく見えてしまうのですね。

ノジェス 問題は、「何時までは脳をオフにしよう」なんてできないということ。つまり、脳の認識のクセは、いつでも、どこでも、寝ても起きても作用しています。そして、プリンなど特定のものだけに作用するのではなく、すべてに関わるということです。

質問者 実は内心、思っていました。「よくある錯視でしょ。そんなのは知っているし、だから何なの?」って。でもそうか。プリンだけに限定して脳の認識のクセが作用するほうが不自然ですね。ということは、今わたしが見ている画面にもプリンのようなことが起きていると……?

ノジェス わたしたちが見ている画面、つまり目の前に広がる世界はすべて「脳の認識のクセ」による「結果」です。プリンの例えは視覚的なものですが、心情にも脳の認識のクセ

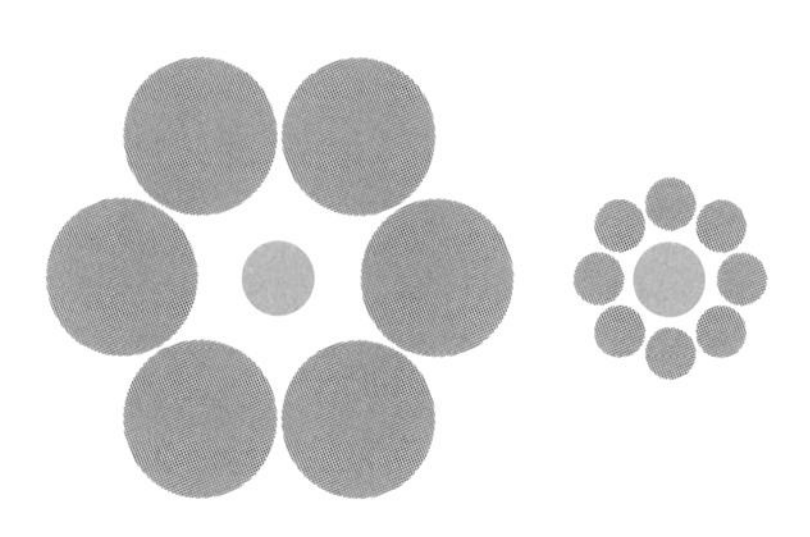

中央青色の円は同じ大きさ。周りを大きい円で囲まれているか、小さな円で囲まれているかの違いしかない。相対的な大きさの「知覚」をゆがめる錯視の一種。ドイツの心理学者エビングハウスが発表した。

が作用しています。

質問者　心情にも脳の認識のクセが影響しているのですか？

ノジェス　例えば、「相対比較」もそのひとつです。上の図は、エビングハウス錯視というものですが、中央の丸は左右どちらも同じ大きさだけど、左図の丸は右図の丸より小さく見えます。これは、大きな丸に囲まれるのか、小さな丸に囲まれるのかの違いで生じます。つまり、「部分と違いだけを認識する」という脳の認識のクセによるものです。

例えば、幼稚園児に囲まれているときは「かわいいな、守ってあげたいな」と、気持ちに余裕があるでしょう。一方、教授や経営者など権威ある人たちに囲まれたときは「わたしなんかが一緒に居ていいのかな、居心地が悪いな」なんて気持ちになりませんか。自分よりも弱い立場の人のなかでは自分が大きくなったように感じられますし、自分よりも強い立場の人のなかでは、自分が小さくなったように感じて萎縮してしまうというように、脳の認識のクセによって自ら勝手に比べてしまいます。

質問者　幼いころから、しょっちゅう人と比べては悩んできましたけど、脳の作用によるものだったのですか。比べたくないのに比べてしまうので、「何でこんなに人と比べてしまうのだろう。自意識過剰じゃないか。わたしは変なのか……」と不思議に思っていましたが謎がとけました。

ノジェス　このクセを持った脳を、生まれてから死ぬまで使い続けているのが人間です。では人間は、「ありのままの姿」を一度でも見たことが「ある」のでしょうか?

質問者　「無い」と言うしかありません。わたしの顔も、わたしの脳の作用によって「こんな顔」に見えるだけで、「ありのままのわたしの顔」ではないということですよね。

ノジェス　あなたが思っている「あなた」も、ペンも、机も、スマートフォンも、地球も、宇宙も、すべてが「ありのままの真実」ではないという理解が進んでいるようですね。色も、境界線も、模様や形も、あなたの脳が創造した姿形であり虚像です。

つまり、脳で認識したものすべてが「認識エラー」だと言えます。そうなると、そこから生じる情報、論理、知識、理論、学問、技術、商品、職業、産業、文化文明、歴史に至るまで、例外なくエラーだということです。

質問者　すべてエラーじゃないですか……。脳がここまでポンコツだったなんて。足場がガラガラと音を立てて崩れていくような気分です。認識の地震ですね、これは。

ノジェス　先ほどVRゲームの話をしましたが、人間にとってのVRのヘッドセットが「五感と脳」です。五感と脳は、真実を目隠しする道具、騙す道具です。脳は目の前に広がる現実が絶対だと錯覚させて騙します。そして人間はまんまと800万年も騙されてきたというわけです。ですが現実は「脳というVRのヘッドセットが見せる虚構」だったのです。

この脳をポンコツと言いたくなる気持ちは分かります。ですがこの脳の機能は「必要だった」からあるものです。脳がなぜ必要だったのかが分かったとき、「脳よ、ありがとう」と感謝の心に変わるはずです。

質問者　そう言われても、脳に騙され続けていたと知った今は、悔しくて脳を打ちのめしたい気分です。今までの人生や現実がすべて否定されたようで悲しい気持ちにもなります。でも現実を否定したら生きていけないし、いったいどうしたらいいのでしょう？

ノジェス 現実を否定しているように聞こえてしまったかもしれませんね。でも安心してください。現実を否定するつもりはこれっぽっちもありません。むしろ、現実の価値を１０００％肯定する、大反転のお楽しみが待っています。ぜひ期待していてください。

質問者 あら、そうなのですか。ちょっと安心しましたけど、いったいどういうことだろう？

ノジェス ここまでは順調に「正しい絶望」をする準備が進んでいますね。では、あなたに再度、言います。「あなたもＶＲのヘッドセットを外したらどうですか？」と。

質問者 そうか！ やっと分かりました。ＶＲのヘッドセットを外せというのは、「**脳に騙されていないで、脳から自由になりなさい**」ということですね。とはいえ、どうしたら脳から自由になれるのですか？ さっぱり見当もつきません。

ノジェス まあ焦らずに。そこはあとのお楽しみにとっておきましょう。

生命のDNAとは異なる「もうひとつのDNA」

ノジェス　ＤＮＡの中で遺伝情報を伝える領域が遺伝子ですが、ここ最近は遺伝子の検査をする方が増えていますね。

質問者　興味津々です。病気のかかりやすさや体質などの遺伝的な傾向が分かるのですよね。自分をもっと知れたり、今後の対策もできたりするなどのメリットがありそうなので、早く検査したいと思っていました。

ノジェス　CRISPR（クリスパー）などの遺伝子編集ツールの研究が進んでいるので、遺伝情報を「知る」だけではなく、デザイナーベビーの誕生も可能なところまできています。容姿や能力も、偶然まかせではなく「あらかじめ設計しよう」というわけです。

質問者　生命の設計図の書きかえが可能なんて凄い時代になりましたね。妊娠したときは、「どんなお顔の子が生まれてくるのかな」と、神のみぞ知る世界にワクワクドキドキしながら出会いを指折り数えて待ちましたが、そんなこともなくなる日がくるのでしょうか。

ノジェス　生命のＤＮＡを自在に操ろうと研究が進んでいる最中ですが、実は人間には未だ知られざる「もうひとつのＤＮＡ」があります。これは生命を左右するＤＮＡよりも大きな影響力を持つものです。

質問者　こんなに科学が進歩した今でも、未発見のＤＮＡっていったい……。

ノジェス　文化のＤＮＡです。人間と動物の圧倒的な格差を生み出すもの、そして本来、人間に備わっている「人間の最高の機能」の目覚めを促すカギでもあります。生命のＤＮＡが身体のなかのＤＮＡなら、文化のＤＮＡは身体の外のＤＮＡです。文化ＤＮＡのバトンを受け継ぎながら歴史を紡ぐのです。

質問者　文化継承の基盤にあたるものと捉えたら良さそうですね。

ノジェス　文化ＤＮＡは2種類ありますが、人間は８００万年もの間、２つのうちの１種類を使うだけに留まりました。未来学者のアルビン・トフラーは「21世紀、人類の使命は、人間を再定義すること」と言いましたが、未だかつて誰も使ったことがない「もう１つの文化ＤＮＡ」を使えば、人間最高の機能を発揮できる新たな人間観へとシフトします。

質問者　「脳は10％しか使われていない」という神話はウソで、実はすでに脳全体を使っているから、劇的な覚醒はしないと聞いたことがあります。なので、人間が新しい機能を身につけて「シン・人類」になるなんて難しいのではないですか？　少なくともわたしが大変身するなんて、あり得なすぎて笑ってしまいます。

ノジェス　そう思うのも無理はありません。でも自ら可能性を制限してしまったら、もったいないと思いませんか？　自分の可能性は自分が潰すものです。もし、本当に「新たな文化ＤＮＡ」が目覚めたら、生命のＤＮＡをデザインするより、もっと凄いことが起こりそうでワクワクしませんか？

質問者　確かにそれが本当なら、シン・人類は夢物語じゃないかもしれませんね。いずれにしても、遺伝情報のバトンを渡し、設計図としての役割を持つＤＮＡの理解は、生命ＤＮＡにしろ、文化ＤＮＡにしろ、要になりそうです。では聞きますが、今まで使ってきた文化ＤＮＡとは、いったいどんなものなのですか？

ノジェス　人間と動物の圧倒的な違いを生み出すものが文化ＤＮＡだと言いましたよね。人間とライオンが1対1で闘ったら人間はひとたまりもありません。チカラやスピードの対決では言うまでもなく人間が完敗です。それなのに動物は人間に家畜として飼われ、檻のなかに閉じ込められてしまいました。人間はどのようにして、これらを可能にしたのでしょう？

質問者 火や言語という「道具」の開発に成功したからではないですか。

ノジェス 一般的にはそう言われています。でも、人間よりもチンパンジーの赤ちゃんのほうが道具を上手に使いこなすという事例もあるので、道具の活用は決定打ではありません。

質問者 そうくると、もうお手上げです。いったい何なのですか？

ノジェス 「見て」と指をさしたら、人間は指先の方向に一斉に注目しますよね。人間は意識することなく自然にそうしますが、人間以外の動物は、この単純な行為ができません。

質問者 へー、そうなのですか。でも人間と動物の格差を生むほど、取り立てて凄い能力には思えませんが……。

ノジェス この「同じ視線や目線を共有する」という人間特有の行為は、**「共同注意（共同注視）」**と言います。生まれたばかりの赤ちゃんは、視力が弱いながらも目の前のモノをじっと見つめて動くものを追視したり、2か月を過ぎる頃には凝視も始めますが、これもターゲットに集中する行為のひとつです。この行為によって人間はチームプレーによる「狩り」を上達させました。

質問者 うーん。共同注意（共同注視）とチームプレーの両者がどう関係するのですか？

ノジェス イメージしてみてください。共同注意（共同注視）によって、「共通のターゲットを定める」ことができます。ターゲットは敵とみなされるので、「敵と味方」の区別が明確になります。そうなれば、味方同士は団結して、敵を集中して攻めることができる、という具合です。つまり、共通のターゲットを通して団結できるようになったのです。

質問者　なるほど。ターゲットを共有して獲物を捕らえられるようになったのですね。人間がマンモスハンターになれた秘訣は、共同注意（共同注視）によるチームプレーだったのか。共同注意（共同注視）によってチカラの強い相手に勝てるようになったとは初耳です。

ノジェス　共同注意（共同注視）は、「線引き上手」とも言えます。日頃から無意識に、敵と味方の線引きを行っています。となると、いつも「何らかの敵」が存在するので、自ずと争いが絶えない日々になる。その結果が、争いのない日が一日もないという人類歴史です。またターゲットに一点集中することによる「真似」の発達も争いに有利です。

質問者　動物を制して地球の覇者になれたけど、裏を返せば「闘い上手」になったということですか。「争いを止めて平和的な人間になりたい」と、わたしなりにがんばってきたけど、それも無駄な努力だったのかと虚しくもなります。だって、この文化DNAがある限り自分の意志とは関係なく争うわけでしょう?

ノジェス　文化DNAにはもうひとつあることを忘れていませんか。2つのうちの1つし

共同注意（共同注視）により、共通のターゲットを定めて団結することが可能に。ターゲットを敵とみなし「敵と味方」の区別をし、味方が団結して敵を攻める。ただ、認識する側の出発はバラバラ。

か使わなかったから、「争いの歴史」になっていただけです。これまでの文化DNAは、ターゲットに集中するという特徴から「狩り型の文化DNA」もしくは、「男性性の文化DNA」と言います。狩り型の文化DNAには「認識する側の出発がバラバラ」という、もうひとつの特徴があります。これも重要なポイントですから、また話を進めるなかで深めていきましょう。

中途半端な絶望〜絶望は「絶望」じゃなかった〜

質問者　知らなかったとはいえ、五感や脳、狩り型の文化DNAを使い続けながら、「よりよい人生を送ろう。平和に過ごそう」と努めてきたわたしの人生は何だったんだろう……とへこみます。上手くいかせたいと思っても上手くいかないのは当然だったのですね。

ノジェス　アインシュタイン博士の有名な言葉に「どんな問題も、それをつくり出したときの意識レベルでは解決できない」というものがあります。ご存じですか？

質問者　初めて聞きました。それはつまり、「今までと同じ意識でどんなにがんばっても堂々巡りだ」と言いたいのですよね。がんばっても、がんばっても、同じところを走り続けるハムスターの回し車のイメージがフッと脳裏に浮かびました。

ノジェス　「幸せになりたい」「幸せにしてあげたい」「世の中の役に立ちたい」と懸命に生きてきたのに、なぜか思った通りにならない。その理由は、「人間の現在地」を知らないまま、もがき続けてきたからです。

つまり、中途半端な絶望であることを知らずに、その状態から「いかに脱出しようか」と中途半端な希望を描いてきたということです。

質問者　確かに、**「人間の現在地がまったく分かっていなかった」**ことは痛感しました。よく「現在地を知ろう」と言われますが、「個人的な現在地」ばかりを気にしていました。個人を超えたもっと深いところにカギが隠されていたのですね。

ノジェス　もし、「地球滅亡までにあと1時間しか残されておらず、あなたが地球防衛軍の責任者だったらどうしますか」と尋ねられたらどう答えますか？

質問者　ええっ。アタフタしているうちに1時間が経ちそう……。夫や両親に連絡をとるかもしれません。

ノジェス　この問いはアインシュタイン博士に向けてされたものだそうです。彼はどう答えたでしょうか？　なんと、「55分間は問題の根本原因を考え、残りの5分間で解決策を考えます」と言ったそうです。

質問者　55分間も根本問題の発見に時間を費やすなんて思いも寄りません。

ノジェス　大半の反応はあなたと同じでしょう。だいたいは問題が起こったときに「どうやって解決しよう」と解決策に一目散に走りがちです。ですが大事なのは「なぜその問題が起こるのか」という根本原因に着目することだと思いませんか。

例えば雑草で荒れた庭をスッキリさせたいのだけど、面倒だからと表面に見える「草」の部分だけ刈っていたらどうでしょう。一時的にはキレイになったようにみえるけど、時間がたてばまた生えてきます。お分かりのように「根」が残っているからです。

質問者　ああ、ありがちです。急な来客に慌ててクローゼットに何でも放り込んで乗り切るとか。落ち込んだ気持ちを切り替えるときも、「あれはなかったことにしよう」「吐き出して忘れてしまおう」「見ないようにしよう」「とりあえず寝よう」など、その場しのぎは常習犯です。

ノジェス　つい目先の問題をパパッと消そうとしますよね。「解決策」のほうが一見すると具体的で取り組みやすく、手っ取り早そうに見えるので、パッと目先に走るのです。これをわたしは「**前進中毒**」と言っています。逆に「原因」「根っこ」は見えづらい。巻き戻して引いてみなければならず、しかも容易にはたどり着けない。さらに抽象度もあがるので狩り型の文化ＤＮＡを使う人間には苦手分野です。

質問者　狩り型の文化ＤＮＡの影響が、こんなところにも表れているのですね。

ノジェス　根本問題が発見できれば自ずと解決策がみつかり、自然と勇気が湧きおこり、内発的で持続的なモチベーションも湧いてきます。

質問者　内発的な勇気とモチベーションですか。今のわたしには程遠く、無縁に感じます。けど本音を言えば、喉から手が出るほどほしいです。

ノジェス　では、中途半端な絶望が起こる原因について、いったん整理をしてみましょう。

「人の話なんてもう聞きたくない！」と絶叫したくなるほど、傷つき、絶望して、身も心もパンパン。疲れ切った人で溢れています。

その原因は、中途半端かつニセモノの絶望という無限ループにはまり、「正しい絶望」に気づかなかったからでした。

ではなぜ正しい絶望に気づけなかったのか。

それを知るために、人間がこれまで行ってきたこと、人間の現在地を理解しました。人間は、「五感と脳というVRのヘッドセット」を生まれつき装着していることを知らずにいました。その五感と脳によって現される世界（＝現実）が「絶対」という確信のもとで、「わたしが見ている画面と同じ画面を、みんなで共有している」と疑わずに過ごしてきました。でも実は、現実を生み出した五感と脳は不完全。五感と脳は虚像を映し出し、それが「自分だけしか見られない虚像」だったことも理解しました。

つまりこれは、繭のなかのサナギ状態、「宇宙＝繭」「身体の自分＝サナギ」です。ですから人間は、誰もが自分の繭のなかの引きこもり。あなたと同じ画面を見ている人はひとりもいません。一分一秒も共有したことも、共有されたこともない。誰とも出会ったこともない。この状態で分かり合うことは、これまでも、この先も、ムリだと分かりました。人間だけに備わる文化ＤＮＡは、２種類あるうちのターゲットに集中するという「狩り型の文化ＤＮＡ」だけを使い、つねに敵を存在させてきましたが、これも脳によるものでした。

質問者　だいぶ理解がつながってきました。自分だけの「ＶＲのヘッドセットのなか＝繭のなか＝脳のなか」で生きてきたということですね。

ノジェス　「これまでの絶望を知る（人間の現在地診断と原因）」というファーストステップは順調ですね。このパートが腑に落ちることは要です。さらに深めていきましょう。

1章

中途半端な絶望

絶望は「絶望」じゃなかった

1章のまとめ

✓ **生まれた時から内蔵されているVRのヘッドセット**
VR（夢）のなかの中途半端でニセモノの絶望に傷だらけ

VRのヘッドセットを内蔵していることにも、「現実＝夢の中」にも気づかない。夢の中でニセモノの絶望に振り回されて傷だらけ。人の話も聞きたくない。

✓ **「宇宙＝繭」「身体の自分＝サナギ」**
誰もが違う宇宙の住人、自分の宇宙の引きこもり

１分１秒もあなたと同じ画面を見ている人はひとりもいない。共有する・されるもない。出会えた・分かり合えたなど、すべてはあなたの思い込み。

✓ **「今ここ、目で見ちゃダメ！」五感と脳は騙す道具**
現実＝五感と脳が見せる虚構、観察エラーの結果物

色・模様・形は、あなたの脳が創造した虚像。条件ひとつでコロっと変わる。五感と脳では、ありのままを見る・聞く・嗅ぐ・味わう・触ることは不可能。

✓ **生命のDNAよりも強い影響力を持つ「文化DNA」**
２つのうちの１つだけ使った結果が争いと悲しみの歴史

ターゲットに集中する「狩り型の文化DNA」だけを使った闘争の歴史。人間の最高の機能は発揮されず、人間はまだ始まっていない。

✓ **「正しい絶望＝根本問題の発見」**
原因を見ずに目先に走る「前進中毒」が止まらない

「人間の現在地」を知らないまま、もがき続けても思った通りにはならない。正しい絶望で中途半端な絶望と中途半端な希望の無限ループから脱出する。

2章

絶望バトル

中途半端な絶望VS正しい絶望

質問者　ここまでのお話で、「繭のなか（脳のなか）で絶望をしていた」ということは分かりました。でもやっぱり、ニセモノの絶望や中途半端な絶望だと言われると、「本当にそうなの？　言いすぎじゃないの？」とムッとします。

ノジェス　そう言いたい気持ちはごもっともです。

ここからは、これまで人間が経験してきた代表的な絶望を題材に、「〇〇だから中途半端な絶望だった」と、腑に落としていきましょう。あなたは、「これは絶対に絶望でしょう」と思うものを挙げてください。わたしは、「それはこう整理すると、まだまだ中途半端だよ。繭のなかの引きこもりによって起こっているひとつに過ぎないよ」と、あなたが主張する絶望を一刀両断しましょう。

質問者　面白そうですね。絶望バトル、さっそく始めましょう。

case ①
人間関係の絶望
上下関係・我慢だらけの奴隷人生

質問者　絶望と言えば、何と言っても人間関係の絶望でしょう。いろいろありますが、今回はわたしのケースで、「夫に蔑まれて奴隷のような扱いを受けている」という絶望です。

夫は8歳年上の九州男児の長男。同じ職場の上司でした。決断力や統率力が光っていて、関東出身のわたしは、「男らしくてカッコいい」と惚れ込みました。ですが結婚した今となっては顔を見るのも苦痛です。王様気取りで、モラハラでじわじわ追い詰めてきます。

「女は家事と子育てに専念しろ」と、わたしが働きに出たいと言っても聞く耳を持ちません。そのくせ「養ってやっているだろ」と、自分の言いなりになるのが当然という目で蔑み、思い通りにならないとすぐに不機嫌になって大声で怒鳴ります。わたしにも言い分がありますが、夫婦喧嘩をしている姿を子供が見たらかわいそうなのでグッと飲み込みます。

とはいえ、まるで奴隷のような生活に我慢も限界です。子供も小さく、自分の収入もないので離婚にも踏み切れないという生き地獄のような毎日です。

ノジェス　それは辛い。わたしは人類の歴史を「お母さんをいじめ続けた800万年」とも言っていますが、まさにその象徴のような話です。

ここまで、「VRのなか、繭のなか、脳のなか、狩り型の文化DNA」など、人間の現在地を理解するためのキーワードをお伝えしましたが、これらとつなげて「なぜこのような現象が起こるのか」を考えてみてください。

質問者　難しいですね。狩り型の文化DNAでは、つねに「敵と味方を線引きする」と言っていたので……、わたしは彼の「敵」とみなされているとか?

ノジェス　愛したいのに愛せない。分かり合いたいのに分かり合えない。あなたのパートナーも、本心は「愛したいし分かり合いたい」はずでしょう。互いにそれを願うのに溝が深まるばかりなのはなぜなのか。ここまでの話で、「分かり合えない理由」については理解が進んだことでしょうが、どう理解していますか。

質問者　はい、人間は「繭のなかのサナギ」状態で一生、そこから出たことがない。そのなかで繰り広げられる世界は自分だけしか見ることができない。なのに、「共有している」と勘違いしていたからではありませんか。

ノジェス　そうですね。ひとりひとりが違う宇宙の住人なのに、あなたもわたしも同じ「ひとつの宇宙の住人だ」と思い込んでいる。ところどころで「似ている」ことはあっても完全一致はあり得ません。見ている画面が違うだけでなく、その画面にどのように意味や価値を持たせるのかという**「リテラシー（解釈）」も、ひとりとして同じ人はいません。**だから、自分だけの映画であり、自分だけのストーリーです。でも「相手も同じはず、いや同じになってほしい」と思うのが悲劇の始まりです。

質問者　え、同じ気持ちを分かち合いたいと思うことが悲劇の始まり？

ノジェス　そうです。だって絶対に一致することはあり得ないでしょう。あり得ないことを期待しても永遠に叶わない。それどころか、その期待は必ず「失望」に変わります。とくに夫婦関係は、「こうするべき」「ああするべき」「ああしてほしい」「こうしてほしい」など、互いへの期待や要求が、より強く働きます。当然、期待はほぼ裏切られて失望が多くなる。その失望が溜まりに溜まると、「我慢できない！」と爆発します。

質問者　うわあ。今、まさにそんな状態で怒りが暴走しています。でもよく考えたら、自分勝手に期待して、自分勝手に裏切られたと失望しているのなら、完全にひとり芝居ですね。勝手に苦しんで、勝手に傷ついて、相手のせいにして、「わたしのストライクゾーンに合わせてよ」と、声には出さずとも相手に命令している……。酷いな、わたし……。

ノジェス　互いに繭のなかのサナギ状態では、分かり合うより「ポジションの奪い合い」で忙しくなります。誰だって、自分が見ている画面や自分の解釈を無視されたくありません。ですから、「自分が主導権やポジションをとりたい」と必死です。となると、その人たち同士で「秩序」は成り立つでしょうか？

質問者　無理でしょう。秩序どころかカオスになります。

ノジェス　そうでしょう。だから、**「みんな違ってみんないい」「多様性を認めよう」と言うのはウソです**。耳障りがよくて都合がいい言葉ですが、**その裏には、「我慢して・妥協して・合わせて・演じる」という涙が隠れています**。言うなれば〝ふり〟人生です。

「ここまでは妥協して合わせてあげる」と、表面上で合わせてきたに過ぎません。その許容範囲を超えたら、相手や環境から離れるか、さらに自分を押し殺すか、相手を責めて攻撃に転じるか、などの手段にでます。

質問者　相手や環境を変えるのは常套手段ですね。転職や離婚が当たり前なのも納得です。

ノジェス　なので、多様性を認めるという〝ふり〟をしているだけで、心の底から〝認めている〟ことは、実はひとつもありません。あなたも自分に問いかけてみたら分かるはずです。

質問者　言われてみればそうですね。わたしも波風を立てずに事なきを得たいがために、必死で合わせてきました。だけど、その裏では本音を押し殺してポジションや主導権を奪われ続けた心の叫びが蓄積されていたのだと、今、自覚できました。ふと思ったのですが、ふり人生は、言い換えれば「本音を隠して相手を騙している」ことにもなりますよね。だとしたら、必死で合わせて〝ふり〟をすることで自分自身が苦しくなりながら、相手も苦しめているということになる……。

ノジェス　意図的ではないにしろ、騙し・騙されていることになりますね。話を戻すと、「自分が見ている画面を無視するな。自分に主導権をとらせろ。自分の解釈に合わせろ」という人間たちが、秩序を成り立たせるためにとった手段が「力の行使」です。

質問者　力の行使？

ノジェス　例えば、あなたが起業して気の合う仲間を従業員として3人雇ったと仮定しましょう。社長のあなたが、「今期はこの方針でいきます」と示したところ、Aさんは「何よ、偉そうに」と不満に思いました。というのも、普段は友人同士のフラットな関係性なのに、急に上下という差を感じたからです。Bさんは「社長の方針は間違っている。何をどう言われても従わない」と反発しました。Cさんは経営には無関心で「社長が正しくても間違っていてもわたしには関係ない。とりあえずお給料をキチンともらえればいい。お給料に見合う分だけ働きます」と他人まかせで、下手したら周りの目を盗んでさぼります。さて社長のあなたは、この現状をどうしますか？

質問者　うーん。コミュニケーションで相互理解を試みるでしょうけど……。話しても平行線で進展がない、もしくは、より反発や無関心が強くなるなどの現状悪化がみられれば、解雇して新規採用ですかね。

ノジェス　そうでしょう。ようは社長権限という「権力」の行使に踏み切るわけです。もっと言えば、雇用者と被雇用者という関係による「財力」の行使もしています。「あなたを買います。だから何時から何時までは、あなたのエネルギーも、アイデアも、身体もわたしのもの。キチンとわたしの言うことに従ってね」と、お金の力で拘束するのです。すると雇われた側は、どんなに上司の方針が気に入らなくても「分かりました」とグッと飲み込み、理不尽なことをされても、誰かに手柄をとられても、陰口を叩かれても、無理な要求をされても、「お金のため。生活のため。家族のため」と、笑顔で耐えます。

質問者　ごく当たり前の光景ですけど、話を聞いていると「奴隷制度があった時代」と何ら変わりがないような気がしてきました。

ノジェス　当時と比べれば暴力の行使があまり見られなくなったくらいで、本質的には奴隷制度と同じです。王や神が権力を握る時代は、国民のみならず、領土のすべてが王のもの。王に逆らえば命はありません。でも王の立場になれば、裏切り者は排除せざるを得ないでしょう。あなたが「解雇する」といったように。

質問者　確かにそうですね。会社の経営の危機ですから。国も同じですね。

ノジェス　王政の時代は領土を奪い合うという戦争が頻繁で、他国との戦争に負ければ、成人男性は虐殺され、女性と子供は奴隷にされてしまうことも多くありました。ですから王としては、暴力を使ってでも国の秩序を保つ必要がある。国が一丸となって戦える状態をつくらなければならなかったのです。

質問者　国同士も力によってポジションや主導権を奪い合っているのですね。個人間から国単位まで、規模は違えどやっていることは同じなのか。

ノジェス　イギリスの哲学者のトマス・ホッブズは、人間は自然状態では互いに自由を奪い合う「万人の万人に対する闘争」が起きると主張しました。

質問者　自分の画面や、自分の解釈を認めさせようとしてポジション争いをするのが人間なのですね。

ノジェス　あなたのパートナーもまさに繭のなかのサナギ状態で、王様ポジションを守ろうと必死です。でもそれでは、あなたはあなたの立場がなくて辛い。あなたの画面は「価値がない、意味がない」と無視されてしまいますから。

質問者　そうそう！　わたしを無視するなって、声にならない声でいつも叫んでいます。

ノジェス　そもそも人間は、繭のなかのサナギ状態であることも知らず、なぜその状態なのかも知らず、その状態で起こる問題が何かも知りません。問題発見ができないので問題解決も当然できません。

繭のなかのサナギでは、自分の存在の根っこすら分かっていません。その状態で相手を信頼して愛することは不可能です。もちろん自分自身を信頼して愛することもできません。そんな人間の現在地を知らないまま、「相手を信頼している。相手を愛している」と思い込んで結婚し、家庭を築いて親になる。そして我慢の限界に達したあるとき、不信や恨みにひっくり返る。それが人間です。

質問者　こわい。自分が何をやっているのかすら分からないまま、お互いに傷つけあうのか……。繭のなかのサナギのままでは本当にマズイですね。

ポイント

- 繭のなか（脳のなか）は「万人の万人に対する闘争」が必然的に起こる闘争の場
- リテラシー（解釈）は誰一人同じ人はいない。だから秩序は不可能　我慢して・妥協して・合わせて・演じる〝ふり〟人生　お互いに騙し合う
- 誰もが自分のポジションや主導権をとりたい。暴力や財力などの力で相手を制してポジションをとり秩序をつくろうとする

case ② 人間関係の絶望

信じていた人の裏切り

質問者　次は、「信じていた人に裏切られる」という絶望です。

何でも腹を割って話せる親友と思っていたママ友がいました。彼女からもよく相談されていたので、わたしも彼女と一緒に真剣に悩み、解決策を探してアドバイスしました。そんなある日、「○○さんのアドバイスはとても有り難いのだけど、言い方がキツくてシンドイ。心が折れそう」と、他のママ友に彼女が話しているのを偶然、聞いてしまいました。わたしの知らないところで陰口を叩かれていたことがショックで、それ以降まともに顔も合わせられません。信じていたのに裏切られた気持ちでいっぱいです。

ノジェス　心を開いていた人に陰口を叩かれたら、より絶望的な気持ちになりますよね。

質問者　はい、とてもつらいです。でもここまでの話で、「そもそも、〝我慢して・妥協して・合わせて・演じる〟のが繭のなかのサナギの人間なんだ」と分かったので、もしかしたら彼女も笑顔をしながら、わたしに合わせてくれていたのかも……という想いがつのります。そう思うと逆に何だか申し訳ない気持ちにもなってしまいます。

ノジェス あなたも彼女も、誰もが故意に「騙してやろう」とは思っていません。ですから気にしなくて大丈夫ですよ。

問題が起こると、「あいつが問題だ」「わたしが悪かったんだ」「わたしの人間性に問題があるのかも」など、個人にフォーカスしがちです。でも実は、誰か特定の個人に問題があるのではなく、誰もが繭のなかのサナギ状態という「人間共通の問題、限界」から派生していたことだった。そうみれば、「誰も悪くない」と言えるでしょう。だから自分も他人も誰も責められません。

質問者 そっか、個人攻撃はしなくていいのですね。人間だったら誰もがやってしまうのなら仕方がないこと。そう思えたら少し気が楽になりました。

ノジェス ただ、誰も悪くないとは言え、人間は800万年間ずっと、「騙す・騙されるゲーム」のなかで闘ってきたので誰もが傷だらけです。長い歴史の蓄積によって不信と不安がつねに渦巻いています。だから、「騙されるもんか」と、心のバリアをはって防御に忙しい。街で道を訊ねようとしただけでも、顔を背けたり無視したりするでしょう。基本的に「否定」から入るスタンスが当たり前になっています。

質問者　わたしもやっています。まるで「自分以外は敵」のように振る舞って、「わたしに声かけないで」「勧誘しないで」「関与しないで」と、心のバリアで跳ねのけるのに忙しくなっています。道を訊ねるだけでもこのありさまですから、些細なことでも、肯定的に受け取るよりは、否定したり・されたりするようになる理由が少し理解できました。

ノジェス　そもそもがポジション取りの闘争の場ですからね。軽蔑や激しい否定、いじめなどは起こるべくして起こるのです。

質問者　繭のなかのサナギ状態に、ほとほと嫌気が差してきました。繭のなか（脳のなか）が虚構とも知らないまま、顔では笑顔をしながら、裏では「もう聞きたくない」と呟くような人間関係を築く。まさに騙し合いですね。

ノジェス　では次に、繭のなかの「言語」についてみてみましょう。実はコミュニケーションで使う**「言語」も騙し合いの強烈な道具**です。

質問者　え……。「話せば分かる」と思って、わたしなりに言葉を駆使して、親しくなりたい人には特に密なコミュニケーションを心がけてきたのに……。言語が騙し合いの道具なのですか？

ノジェス　**「話せば分かる」も真っ赤なウソです。**これまでの言語を使ったコミュニケーションは、コミュニケーションすればするほどズレます。どういうことかみてみましょう。

では、あなたは『アップル』と聞いて何を連想しますか？

質問者　iPhoneがパッと浮かびました。

ノジェス　同じ質問をほかの人にしたら、同じ答えが返ってくると思いますか？

質問者　うーん、同じ人もいれば、違う人もいると思います。

ノジェス　そうですね。『アップル』ときいて、あなたと同じ「iPhone」と答える人もいますが、その人が思い浮かべたiPhoneは、あなたが思い浮かべたものとは違うシリーズかもしれません。また、「赤くて丸いリンゴ」をイメージする人もいれば、「アップル社のロゴマーク」を連想する人もいるでしょう。童話好きなら「白雪姫」かもしれないし、科学好きは「ニュートン」、生産者なら「青森」などの産地を連想するかもしれません。

このようにひとつの単語を例にとっても、単語から連想されるものはバラバラで、誰ひとりとして同じではありません。ですから当然、コミュニケーションのズレ、理解のズレが生じます。

質問者　確かに。ということは、単語はものすごくざっくりとした共通項を示すだけなのですね。それなのに、単語のキャッチボールをしただけで、「伝えた・伝わった」と勘違いしているのか。同じ単語を使えば、自分と同じイメージを相手に共有できると思うのは間違いだった……。

ノジェス その通りです。では、もうひとつ質問です。もし、あなたがてんてこ舞いのときに、「大丈夫？」と声をかけられたら、どんな気持ちになりますか？

質問者 気にかけてもらえて嬉しくなります。

ノジェス では、不安になる人や、怒りが湧く人など、違うように感じる人がいることはイメージできますか？

質問者 え……。

ノジェス 例えば、不安になる人は「わたしが大丈夫に見えないからだ」と、ダメな自分を指摘されたと受け取ったり、怒りが湧く人は「わたしはすでにこんなにがんばっているのに、あなたにはがんばっていないように見えるからそう言うの？」と受け取ったり、という具合です。

質問者 うわ、わたしとは全然、違いますね。わたしは言われて嬉しいから、人にも「大丈夫？」って、積極的に声をかけていました。けど、疎ましく思われていたかもしれないとは……。こうやって誤解したり・されたりするのですね。

ノジェス そう、言われた相手は、あなたが声をかけた思惑通りに受け取っていないかもしれません。あなたに悪気がなくても、ひとりひとりのなかにある単語のイメージは全く違うため、言われた相手は、「自分のイメージ」で受け取ります。ですから、あなたの意図は、相手にはほとんど関係ありません。

ですから、親友のママ友さんも、もしかしたらあなたの発する言葉に威圧感やプレッシャーを感じていたのかもしれません。

質問者 そんな。じゃあどう言えばよかったんでしょう?

ノジェス また、とっさに「やり方」に飛びつきましたね。つい、「こう言えば正解、こう言えば間違い」などの言い方や話し方、ハウツーに目が行きがちですが、それでは解決しません。これまでと同じ思考回路では、同じ結果を招くだけです。

質問者 あっ……。無意識にうっかりやっちゃいますね。

ノジェス ここではまず、「使っている言語には限界がある」というそもそも論を理解しましょう。

質問者 言葉を選ぶ、ソフトな口調にするなどは心掛けていましたが、そもそもの「言語の限界」は盲点でした。これはかなり根深そうな予感がします。

ノジェス　この段階で、いったん言語の限界を整理してみましょう。

①イメージ概念の共有ができない

単語ひとつでも、イメージは人それぞれ違う

②体験や経験の範囲を語る言語しかない、その範囲外は言語化できない

体験や経験を語るが、五感と脳によるものなので出発から限界、五感の範囲内しか語れない

③一部分しか表現できない

音や記号は共有できるが、単語を発する人の背景、イメージを包括して共有できない

つまり、これまでの言語では、伝えたいことを100％表現できなければ、100％受け取ることもできません。仮に建前抜きで本音100％だとしても、分かり合うことは不可能です。

質問者 言語が「騙し合いの道具」という意味がだんだん分かってきました。

ノジェス いいですね。さらにアクセルを踏んで言語の限界を深めていきましょう。では、犬の鳴き声をイメージしてください。どのように聞こえますか？

質問者 「ワンワン」ですね。

ノジェス 日本語では「ワンワン」が一般的です。でも英語圏の人には「Ｂｏｗｗｏｗ（バウワウ）」に聞こえますし、韓国人には「멍멍（モンモン）」と聞こえます。

質問者 あら、全然違いますね。でも、「バウワウ」も「モンモン」も、正直、違和感しかありません。わたしの耳には、まったくそんなふうに聞こえませんから。

ノジェス そうでしょう。ところで、人間関係のこじれの裏には、**「言語エネルギーの因果アルゴリズム、言語の歯車」**が必ず関係しています。

質問者 言語エネルギーの因果アルゴリズム？　言語の歯車って何ですか？

ノジェス アルゴリズムとは、その実行が必ず有限ステップで停止する有限個の機械的操作の列のことであり、算法とも訳されます。簡単に言うと、「Ａという刺激を与えたらＢという結果になる」というように、原因と結果が機械的に決定する仕組みのことです。例えばパソコンの電源をオン（原因）にしたら、アルゴリズムの設定どおりの機械的な動きをして、画面が立ち上がる（結果）というようなことです。

質問者　そうすると、さっきの例えで言えば、「犬の鳴き声は？」と聞かれたら、わたしのなかのアルゴリズムが働いて、「ワンワン」と答えるということですか。

ノジェス　そうです。だから、機械的に1：1で歯と歯がかみ合う歯車のようなイメージもできますよね。

のちほど触れますが、実は、すべてがつながっています。そのつながっている世界に人間が言語をつけることで、つながりが絶たれた「分離独立した事物」が生まれます。

これまでは、「事物があって、名前をつける」と思われていましたが、実は逆です。もともとは全部がつながっているので分離や独立は不可能。だけど、そこに人間が単語をつけることによって部分的な存在が生成されるのです。

質問者　つまり、切り離せないつながりの一部分を「人間が切り取っている」ということですか。これも、「部分だけを認識する」という脳の作用によるものですか？

ノジェス　そうです。このようにして、**言語によって存在や事物を誕生させて、そこから感覚や感情、経験が生まれていきます**。

質問者　え……？　感覚も言語によるものですか？

ノジェス　犬の鳴き声の例えを思い出してください。言語によって、「ワンワン」「バウワウ」「モンモン」と生じる感覚が違ったでしょう。

質問者　確かに。使う言語で感覚が変わりますね。

ノジェス　このように経験や感覚、感情の土台には、言語のやり取り、言語の歯車が隠れています。問題は、「言語エネルギーの因果アルゴリズムがひとりひとり違う」ということです。

違う言語エネルギーの因果アルゴリズム同士が出会えばどうなるでしょう。コミュニケーションの事故が多発することは、容易にイメージできると思います。コミュニケーションをすればするほど、互いに勝手な思い込みとズレがたまり、いずれ我慢の臨界点がくる。結果的に相手をバカにして、もう話したくない！となるのは時間の問題です。

質問者　あー、分かります。「この人なら分かり合えそう」と思える人に出会うと、より分かり合いたいという気持ちが高じて、普段にも増してコミュニケーションを試みます。でもなぜか、だんだんイラついてきて、結局、「この人もやっぱりダメだった」と撃沈する。そんなパターンを子供の頃から何度、繰り返したか分かりません。

ノジェス　言語の限界は重要ですからしっかりと理解を深めていきましょう。言語は影響力が強いだけに、知らずに使い続けるのはとても危険です。また後ほど違う角度から整理しますね。ちなみに、これまでの哲学者のなかでも、言語の限界を主張した人がいるので、簡単に触れておきましょう。

スイスの言語学者で近代言語学の祖と言われるフェルディナン・ド・ソシュールは、「言語は名前の一覧表ではない」と言いました。例えばフランス人は、蛾も蝶も「パピヨン」と言い表します。そのため、彼らにとっては蛾も蝶も存在しません。よって「蛾」という存在があるから「蛾」という名前をつけているのではない、と言えます。つまり、ひとつひとつの存在に名前が割り振られているのではなく、言語で世界を区切ることで存在できているということです。また、言語世界の範囲内で思考をしているとも言っています。

質問者 人間が言語をつけることで、分離独立した事物が生まれるということですよね。

ノジェス はい、次はルートヴィヒ・ウィトゲンシュタインです。彼はオーストリア生まれの哲学者で、「語りえぬものについては沈黙しなければならない」と言い、言語の限界が世界の限界だと主張しました。

前期哲学の写像理論（像の理論）では、言語は「～は（主語S）～である（述語V）」という科学的な文の集まりで、事実と科学的な文は1：1であり、確かめることができなくてはならないと言いました。逆に言えば、事実と対応しないことは言語化できないので、言語にできないことに対しては沈黙しなければならないと主張したのです。また言語がなければ考えることはできない、言語で表現できないものは思考できないとも言いました。後期哲学では、「言語ゲーム」を提唱して前期哲学を自ら否定し、意味の源泉は「言語の使用」に帰すると言いました。脈絡や行動によって意味が変化するため、1：1の対応関係は成り立たないと言い、例えば、「ゲーム」という言葉ひとつも明確な定義はなく、相互関係で緩やかに括られた「家族的類似」を持つものであると言いました。サッカー、オセロ、パズルゲームの3つのゲームで例えると、サッカーとオセロには「対戦」、オセロとパズルゲームには「パズル」という共通点がありますが、サッカーとパズルゲームには共通点がありません。こうみると、ひとつの集合体には何らかの共通の性質があるとは限らないと言えます。

いずれにしても、繭のなか（現実）は言語エネルギーの因果アルゴリズムで成り立っているので、脳の観点の言語に縛られてしまうことに変わりはありません。

質問者　「言語の限界が世界の限界」ですか。ここまでの話を通して、かなり納得できます。今までの言語を使っている限り、騙し合いは終わらない。単語ひとつもズレてしまうのに、

「分かってもらえない」「伝わらない」「あの人、バカじゃないの」などと相手のせいにしたり、「伝わらないのは自分の表現が足りないからだ」と自分を責めるのはナンセンスだということが分かってきました。

ポイント

これまでの言語は、イメージの共有は不可能

言語は騙し合いの道具。コミュニケーションがずれて人間関係がこじれるのは必然

言語によって存在や事物を誕生させ、感覚や感情、経験が生まれる

case ③ 人間関係の絶望

仲間外れにされる、いじめられる

質問者　次は「仲間外れにされる、いじめられる」という絶望です。公園デビューをしたのですが、ママ友グループには2つの派閥があり、両者の板ばさみになっています。できれば、どちらのグループにも属さずに円満にお付き合いしたいのですが、曖昧な態度をとると嫌な顔をされます。いずれにしても、いつか誰かの地雷を踏んでしまうのではないか、仲間外れにされるのではないかと、内心ビクビクです。いじめられているお母さんは、子供まで仲間外れにされています。わたしがいじめられるのは我慢できますが、「もし子供がいじめられたら……」と思うと胸がギュッと痛くなります。

ノジェス　子供の仲良しグループ、習い事、家庭内、ママ友、職場など、ありとあらゆるところで派閥問題はつきまといます。なぜこのようなことが起きるのかを、まずはあなたが理解した範囲で整理してみてください。

質問者　派閥争いはズバリ、狩り型の文化DNAの影響だと思います。敵を明らかにし、う、アレですね。

それ以外は味方にして団結をはかる。敵の悪口を言いながら、味方同士が仲良くなるとい

ノジェス　狩り型の文化ＤＮＡは、チームプレーを向上させて、他の動物の制圧に成功したので、１段階目のチームプレーには貢献しました。でもチームプレーを組める範囲が限られています。そして、その限られた範囲の味方のなかで新たな標的を見つけ、また排他します。これを延々と繰り返すので、「一部分を否定し排他して小さくまとまる」というチームプレーしかできません。ですからいつまでたっても人類がワンチームになれないのです。

質問者　こわいですね。いつ排除の対象になるのかと思うと不安でたまりません。

ノジェス　自ら環境を選べないお子さんたちにとっては特に深刻です。いったんいじめの対象になったなら、そのポジションを抜け出すのは至難の業。今はＳＮＳ上でのいじめも横行していて、いじめが明るみに出にくいこともあるので本当に可哀そうです。

ママ友グループの派閥の件も、引っ越して環境を変えるのも簡単ではないので、その場で耐えしのぐのが精一杯でしょう。仮に引っ越せたとしても、次の土地でも、人間なら誰もが例外なく「狩り型の文化ＤＮＡ」を使う人ばかりですから、いつターゲットになるか

分かりません。**このように人間は、自ら選択やコントロールができずに、相手まかせ、環境まかせ、偶然まかせの人生を送るようになっています。**

質問者　まさに狩るか・狩られるかの弱肉強食。他を否定してつながるしかないとは……。繭のなか（脳のなか）は、紛れもなく「万人の万人に対する闘争」の場ですね。しかも、偶然まかせの人生とはショックです。自分の人生なのに全く主導権をとれないと思うと悲しくなります。

ノジェス　繭のなかのサナギ状態では、どうあがいても自分の人生の主導権すら取れません。その状態で、精一杯ポジション争いをしたとしても終わりがない。だからみんなヘトヘトです。

質問者　もう、はやく繭のなかから外に出たいです。いや、出なければ……。

ノジェス　「仲間外れ、いじめ」というテーマでスタートしましたが、競争社会も同じです。出世レースをするのも、ブラック企業や社畜という言葉が生まれるのも、いかにポジションを奪い合うのかという熾烈な戦闘現場だからです。

質問者　夫もいつも言っています。「部下も同期入社もみんなライバルだ」と。表向きは同僚と親しげに接していますが、「社内に心を許せる人なんていない」と愚痴っています。

そんな夫が率いるプロジェクトチームがまとまるはずもなく、実際に苦戦しているようです。が、夫に口出しするのは怖いので、わたしは黙ってみていますけどね。

ノジェス　彼も大変ですね。まずはあなたが繭のなかから自由になって、家庭内の闘争をストップしましょう。

質問者　そうしたいです。彼も、「競争ばかりで上を目指すのは疲れた」と、弱音を吐くことも増えたので癒やしが必要だなと感じています。

ノジェス　100メートル走をするときに、走者のスタートラインがバラバラ、もしくは誰かがフライングしたら勝負になりますか？

質問者　いいえ、勝負が成り立たないので、もはや100メートル走とは言えないかと。フェアじゃないので、走者も観戦者も楽しめないと思います。

ノジェス　繭のなかの身体の人間が日々やっていることは、「スタートラインが違う100メートル走」と何ら変わりません。ひとりひとりの見ている画面や解釈が違うということは、「ひとりひとりの出発点が違う」ということ。だから思う存分、ゲームを楽しめないだけでなく、フラットな関係性も築けません。平等で絶対に裏切らない仲間をひとりも得られないことは、人間関係における究極の絶望です。

質問者　繭のなかでは、誰とも平等な関係を築けないし、いつ裏切られるかもわからない。孤独な闘いになるしかないのですね。

ポイント

- 狩り型の文化ＤＮＡは、一部分を排他して、小さな和を保とうとする
- ひとりひとりの出発点がバラバラな状態でゲームをスタートするのでゲームを楽しめない
- だから、いつまで経っても平等で裏切らない仲間は得られずチームプレーはできない

case ④

わたしの絶望

考えられない、自分で決められない

質問者　わたし自身に感じている絶望です。

決断力がなく優柔不断な自分に嫌気が差します。ようやく決めたとしても、「これでよかったのか、あっちにしておけばよかったのか」と後悔ばかり。自分の判断に自信が持てないからか、決めたことも三日坊主の常習犯です。

最近は、「何を食べようかな」「何を着ようかな」など、日々の些細なことまで面倒になり、考える気力も湧きません。やらなければならないことから逃げて、後回しにしつつ、「決めなきゃ、やらなきゃ」と、焦りが高じて考えが止まりません。そうかと思えば、巷で流行っていることには、衝動的に飛びついてしまうことも。こんなことをずっとやり続けて、いい加減にやめたいのに、まったくコントロールがきかず、やめられません。

ノジェス　現代人の多くが抱える悩みですね。これらの原因をどう考えますか。

質問者　先ほど、「繭のなかのサナギでは、自分の存在の根っこすら分かっていない」と、仰っていたことが気になっています。わたしが思う「わたし」も、ペンも、カップも、地球も、宇宙も、すべてが「ありのままの真実」ではない。それが事実なら、わたしは、「何も分かっていなかった」ということじゃないかなあと。これ、かなりマズイですよね……。

ノジェス 「何も分かっていなかった」のが事実だとしたら、これまでのあなたの人生で、たった一度でも「自分の考え」を持ったことはあると思いますか?

質問者 だとしたら、恐らく「ない」ですね。「自分の頭で考えていた」と思っていたけど、どうやら違ったのかも……と、疑い始めています。

ノジェス いい疑問です。人間は、「我慢して・妥協して・合わせて・演じる〝ふり〟人生」だと言いましたが、それだけではなく、〝まね〟人生でもあります。いずれにしても、「自分の人生を歩んだことがない」ということです。

質問者 ショックです……。人のふんどしで相撲を取るみたいでカッコ悪いし情けない。

ノジェス 考えてみてください。辞書のなかに「あなたがつくった単語」が、ひとつでもありますか?

質問者 そんなもの、あるわけないです。

ノジェス そうでしょう。先ほど言語の限界に少し触れましたが、その限界がある上に、使っている単語はというと、「誰かがつくった単語」です。例えば、「これは何ですか?」と尋ねたら、「ペンです」と答えられるでしょう。でも、「なぜペンですか?」と尋ねたら、言葉に詰まるはずです。なぜなら、「これは〝ペン〟という名前だ。そういうものだ」と、ただ暗記しただけですから。

質問者　ペンがなぜ、「ペン」なのか。それはまったく考えたことがないです。何も気にせずに、「ペン」と呼んでいました。

ノジェス　単語ひとつひとつも「あなたがつくったものではない」から、単語を機械的に覚えて鵜呑みにしているだけです。そのものの本質も根拠もまったく分からないまま、漠然と使っているのです。だったら、誰かの〝まね〟でしかないと言えるでしょう。単語はただの借り物だから、使うときに自信が持てないのは当然です。

単語ひとつがそうならば、考えはどうでしょう。同じように、「誰かの考え」を真似して、「自分の考えだ」と思い込んでいるだけです。自分の考えじゃないから、その考えに自信が持てず一貫性がない。そんな考えは、わずかに条件が変わっただけで簡単に揺らぎます。

質問者　その通り過ぎて返す言葉もありません。でも確かに、「自分の言葉じゃない、自分の意見じゃない」という感覚は否めないです。言葉が上滑りしているようで、自信を持って言えないのです。

ノジェス　自分の考えを持ったことがないから、「考えた通り、決めた通りに行動しよう」と思ってもできません。では、思った通りに行動できないからどうするのかというと、「行動した通りに思う」ことをします。ようは自分の行動に言い訳をして正当化するのです。

質問者　ドキッ。自分がやったことを納得させるための後付け理由というやつですね。後からなら何とでも言えるから、自分でもズルいなあと思いつつ、そうでもしないと罪悪感に苛まれて大変なのでよくやっています。

ノジェス　自分の考えがなくて一貫性を持てなければ、そうしてしまうことは理解できます。でも、それでは自分自身が嫌でしょう。だからまず、あなたには考えの軸がないということを自覚しましょう。１００％**あなた自身の考えを1度も持ったことがない**。もっと言えば、**あなたが正しく知っていることは、ひとつもない**のです。

質問者　薄々そんな気はしていました。でも、「そんなはずない」との抵抗感がありますね。

ノジェス　では、「これだけは自分の考えだ」「これだけは絶対、正しく分かっていることだ」と、自信を持って言えることがありますか？

質問者　うーん。考えてみましたが、悔しいけど見事にひとつも思いつきません。

ノジェス　日本をはじめとする先進国は、少し前までは、「これを真似しておけば大丈夫」というモデルがありました。いわゆる「幸せのレール」です。高学歴ならば……、安定した大企業に勤めれば……、結婚すれば……、お金があれば……、マイホームがあれば……と、人生の成功ルールだと一般的に思われていたことを真似ることで、親や世間からも認められ、それなりに納得のいく人生を送れました。もちろん、心の奥底からの充足感や満足感が得られるかと言えばそうではありません。それでも、「人生はこんなものだろう」と、大多数が自分の人生に妥協できるレベルでした。

質問者　わたしの親は団塊世代ですけど、まさにそんな感じです。わたし自身も何も考えずに親の言うことに従い、親の敷いたレールを歩んでいました。

ノジェス　あなたの親世代なら、メイド・イン・ジャパンの名を世界に轟かせることに貢献した世代ですね。大量生産・大量消費をするためには、「ひとりひとりの考え」は無駄。とにかく全体に合わす、場に合わすことで生産性をあげてきたので、今の日本も、その名残が強くあります。そもそも人間は、「自分の考えを持ったことがない」と言いましたが、日本人はさらに輪をかけて、ひとりひとりの考える力がとても弱い傾向にあります。

質問者　空気を読む、場に合わすことにかけては、日本は金メダル級でしょうね。

ノジェス　でも今は、真似するモデルがない時代、何に合わせたらいいのか分からない時代だから、日本全体が途方に暮れています。しかも情報量は半端ない。アメリカのＩＤＣ社の調査によると、国際的なデジタルデータの量は、２０１０年は世界に約1ゼタバイト流れたそうです。

質問者　ゼタバイトは初めて聞きました。ギガに換算するとどのくらいですか？

ノジェス　1兆ギガバイトです。これは世界中にある砂浜の砂の数に匹敵する数に当たります。ちなみに２０２０年の総データ量はコロナパンデミックの影響もあって５９ゼタバイトを超えると発表されました。

これほどの情報量が尋常じゃないスピードで襲ってくるのだから大変です。量子力学のようにコロコロと変わってしまう不確定要素の多い時代だから、どこに合わせればいいのか、何を基準に判断すればいいのかさっぱり分からない。それなのに、次から次へと選択や決断を迫られる。さらにコロナパンデミックも相まったことで、これまで以上に決断にストレスや負担を感じる人が増えています。

質問者　少しでも多くの情報を手っ取り早く、無駄なく取り入れたい、取り残されないようにしたいと、もがいていたように思います。なにしろ時代の荒波を生き抜く武器は「情報」だと思っていましたから。でも、あっという間に使い物にならなくなるから、もう疲れて追いたくない。でも、家族や未来のことを考えると、おいそれと離脱するわけにもいかずジレンマです。

ノジェス 昨日の常識は今日の非常識と言うくらい目まぐるしい変化の時代ですから、音を上げるのは当然です。そんななかでＡＩ（人工知能）がいよいよ生活に浸透しつつある。ＡＩの知能の進化や膨大なビッグデータの処理能力が人類の手に負えなくなる日も近いです。

質問者 人類の立場が危うくなっていることは、じわじわと感じています。ところで、さっき「考えの軸がない」と言われて気づきました。これまでは本当に他人軸ばかりだったなあと。自分で考えたこともないし、判断に自信がない。振り返れば、「この判断で合っているの？」と、いつも外に正解を求めていました。こうやって人の目ばかり気にしていたから、何もかも面倒になっていたのですね。

ノジェス 外に正解を求めたり、他人からの要求や期待に応えるあなたではなく、自分の自由意志で意思決定ができるようになるには、どうしたらいいと思いますか？

質問者 まずは繭の外に出て、存在の根っこが何なのかを知ることからじゃないですか？

繭のなか（脳のなか）では、存在の根っこが分からない、自分の考えもできない、何ひとつ正しく分からない。だから他人軸の〝まね〟人生で、合わすのが精一杯。これでは自分の人生が始まるわけがないと気づきました。

ノジェス　これまで人間は、知識を増やすことや何かを知ることに躍起になってきました。でも、これまでと同じことをやり続ければ、ますます苦しくなります。

質問者　知識や情報を追いかけること自体が問題だと？

ノジェス　知識を積み上げるだけではダメだということです。今の情報や知識がどういうものかを理解しましょう。五感と脳は不完全で、その脳で認識したものすべてが「認識エラー」でした。ですから人間が正しく知っていることはひとつもありません。脳によるすべての情報は、ある条件下では成立するようにみえるけど、必ず有効期限があり、絶対的なものはひとつもない。脳のなかの知識は変化を語るもの、いつか変わるもの――期限がある知識であり条件付けられた知識です。

だけどこれまでは、「知っている世界が絶対だ」「情報知識を積み上げるのがいいことだ」と、「知ること」に重きを置いてきました。わたしたちは、この方向性が間違っていたことを認める勇気が必要です。

質問者　間違いを認める勇気ですか。確かにこれまで「良かれ」と思ってやってきたことを覆すのは簡単じゃないですね。

ノジェス　ＡＩ時代に求められるのは、**情報をゼロ化できる能力、そして情報をどのように解釈して新しい創造を生み出していくのかという能力**です。情報知識を消費するだけではなく、生産手段を得て、情報を生み出す側になること。ひとりひとりが、自分自身の考えができるようになるための道具を手に入れ、自らの力で解釈をしたり、読み解いたりという「リテラシー技術」が必要な時代なのです。

質問者　リテラシー技術は魅力的ですね。決断できない優柔不断なわたしから卒業できそうです。ゼロ化能力も気になります。

ノジェス　どちらもこれからの時代のマストアイテムです。あなたのモノにしてください。

ポイント

- 脳で認識したものは認識エラー。人間が正しく知っていることはひとつもない
- 脳のなかの知識は「変化を語るもの」であり、期限付きの知識
- 人間は自分の考えを一度も持ったことがなく、自己決定権がない
- 他者依存をして情報過多時代に振り回され"まね"人生を送るしかない
- 知っている世界（これまでの知識・イメージ）をゼロ化し、生産手段を得ることが必要

case ⑤ 虚無感の絶望

ストレス過多、希死念慮、生きるのが辛い

質問者　50代の知人男性の絶望です。最近は口癖のように「死にたい」を連呼します。社会人になってからの10年は、寝食もままならないほど仕事に追われていました。その後は仕事の重責も重なったせいか病気を患い、あれほど尽くした職場を辞めざるを得なくなって、「がんばっても意味がない」と虚無感が襲ってくるそうです。すでに両親とは死別し、独り身で、心の拠り所も、これといった生き甲斐もありません。コロナ禍になってからは再就職も厳しく、生活も苦しい状態です。こんなに生きづらいなら、いっそ死んでしまったほうがマシじゃないかと言っていますが、死ぬ勇気も持てずにいるそうです。

ノジェス　コロナ禍によって国内の自殺者は約３２００人増えたとする試算を、東京大学の仲田泰祐准教授（経済学）らのグループがまとめ、公表したというニュースもありましたが、自殺はかねてより深刻な問題で、日本はＧ７（先進7カ国首脳会議）でもトップです。

質問者　日本の自殺者数には胸が痛みます。都内で電車通勤をしていた頃は、あまりの人

身事故の多さに苦しくなっていました。コロナによる失業だけでなく、若者や女性の自殺率も高いそうです。でも誰もが一度は「死にたい」と思うのかもしれません。

ノジェス そもそも、なぜ自殺を考えると思いますか？

質問者 思い通りにならないことばかりだからじゃないですか。自分に対しても、人間関係に対しても、理想と現実のギャップがあまりに大きいのだと思います。

ノジェス 誰もが生きたい意志があり、自殺をしたいわけではない。でも、あなたが言う通り、**環境を変えられずに思い通りにならない**から苦しくなってしまう。その**精神の痛みが生命（身体）の痛みよりも勝ったとき**に、「もう無理だ」と命を絶ってしまうのが自殺です。

質問者 こんなに心が苦しくなるくらいなら生命の痛みのほうがまだましだ、ということですね。

ノジェス そうです。自殺だけでなく、他殺（殺人、戦争など）にも同じことが言えます。「あいつの顔が憎い。体型が嫌い。声が許せない。だから殺そう」など、生命（身体）が憎くて殺す人は恐らくいないでしょう。身体ではなく相手の考えや感情のベースにある「相手の観点」を思い通りにできない。その苦しみから身体ごと殺してしまうのです。

質問者 思い通りに統制しようとがんばってみるけど、それが叶わないから自殺や他殺をする。となると完全にイタチごっこですね。繭のなかのサナギ状態では、同じ観点の人は一人もいない。だったら相手の観点の統制は絶対にできませんよね。自分自身の考えや感情も統制もできないのに、他人ならなおさらです。

ノジェス　本来、精神的な苦しみは精神で解決すべきです。生命を絶ったら一時的には楽になるように思うかもしれません。ですが**生まれ変わったときには、また同じ繭のなかに閉ざされ、繭のなかの苦しみは前にも増して強くなります。**

質問者　生まれ変わっても同じ繭のなかとは、いったいどういうことですか？　もしかして輪廻転生の話ですか？

ノジェス　仏教ではそういいます。ただ、わたしが言っているのは単なる抽象的な概念ではありません。数学や物理学とも矛盾がない、シンプルな仕組みで理解できるものです。

質問者　ノジェスさんは輪廻転生も仕組みで説明できるのですか。本当なら凄い！　けど、にわかには信じがたいです。

ノジェス　これまでの宗教や哲学、数学、物理学などは生老病死に対する答えを出せていないため輪廻転生も説明できません。既存の学問がなぜ説明できないと思いますか？

質問者　「人間が正しく知っていることはひとつもないから」ですか。えっと、そうなると、わたしたちが学校で学んできたことは、いったい……。

ノジェス　既存の教育は、不完全な学問に基づいたものだと言わざるを得ません。学問の出発が間違っていたことに気づかぬまま築いたので、どれだけ追究しても真実に「あと一歩」でとどまるしかない。いわばこれまでの学問は、99.9999999……%止まりです。繭のなか（脳のなか）を基準とした学問は、どうしても突破できない壁があるのです。

質問者　「既存の学問が99.9999999……%で不完全」と言い切れるということは、ノジェスさんは「100%の完全な学問とはどういうものかが分かっている」という証しですよね。そうじゃないと言えない発言ですから。

ノジェス　はい、完全学問は完成しています。それについては後ほど触れるとして、いったん話を戻しましょう。

一分一秒も自分が見ている画面を共有することができない繭のなかのサナギ。死んで生まれ変わっても、また繭のなかのサナギ。それを138億年間、繰り返しているのが人間です。

質問者　えー！　いくらなんでも138億年は長すぎませんか？

ノジェス　138億年とは「宇宙が誕生してからの時間」を、今の最先端の科学で計算するとおおよそのくらいだ、という数字です。今は光（電磁波）で観測しますが、もし重力波で観測することができたら、モノサシが変わるのでもっと長くなるでしょう。だから１３８億年というのも、「今の科学の観点」ではそうだ、というだけで絶対ではありません。何が言いたいのかというと、「人間は宇宙が誕生してから１３８億年間、ずっと繭のなかの引きこもり」ということです。もしかしたら、「人間の寿命は１００年程度だから繭のなかもせいぜい１００年くらいだろう」と思っていませんでしたか？

質問者　１００年でも長すぎだと思っていましたよ。でも１３８億年って……。

ノジェス　１３８億年と１００年を比べたら、１００年なんて瞬きにもならない短さです。あなたはビッグバン以来、生まれて・死んで、生まれて・死んで、を繰り返しながら、一度も・誰とも・何とも出会ったことがないのです。出会っていると思うのは、たんなる自分の思い込み。自分の映画、自分の夢のなかで、「こんな顔をしたわたしがいる」「こんな色や形をしたペンがある」などと思い込んでいただけです。

質問者　ああ、そうでしたね。わたしの五感と脳が、「こんな顔だ」「こんなペンだ」と錯覚させていたけど、実際は「こんな顔のわたしがいる」「こんな色や形をしたペンがある」わけじゃない。そうなると、じゃあ、「わたし」っていったい何なのでしょう？　ちょっと混乱します。

ノジェス あなたは、「生きている」と思いますか？

質問者 もちろん。死んでいないので、生きています。

ノジェス では、あなたは「女性」ですか？

質問者 男性ではないので、女性です。

ノジェス 「生きている」「女性である」というのも、「あなたの思い込みだ」と言ったら？

質問者 うーん。さすがに受け入れがたいです。

ノジェス そうですよね。でも、本当のあなたは生まれてもいないし、死んでもいない。身体のあなたは、あなたじゃない。本物のあなたのかりそめの姿、アバターです。

質問者 アバター？ ゲームやネットのなかで登場する自分の「分身」のキャラクターのことですか？

ノジェス そうそう。本物のあなたが、「人間ゲーム」を企画して、ゲームをつくって、「アバター」としてゲームをしているのです。VRゲームのアバターと何ら変わりません。つまり五感のなか、脳のなかは「人間ゲーム」の真最中だということです。でも人間の目で見れば、ゲームだとは絶対に思えない。目で見た瞬間、巧妙に脳に騙されてしまうので、現実がゲームであることに気づけません。

質問者　つまり人生はゲームで、わたしはアバターとして知らずにゲームに参戦していると?

ノジェス　そうです。生まれてすぐに五感と脳を使うので、知らぬ間に参戦しています。この人間ゲームの名前は、**「脱出不可能ゲーム」**です。哲学者のウィトゲンシュタインは、「哲学の目的は、Flieglglas（ハエ取り壺）のハエに出口を示すこと」と言いました。ハエ取り壺に入ってしまったハエは、どうあがいても壺から出られない。このハエが人間の象徴だと思えば分かりやすいですね。

質問者　嫌な例えですね。死んでも出られない脱出不可能ゲームのなか、か……。

ノジェス　コンピュータゲームも、ゲーム独自の設定があるでしょう。それで難敵やラスボスを倒しながらステージをクリアしていきますよね。人間ゲームも同じです。**万人の万人に対する闘争ゲーム**でもあり、**騙し・騙されるゲーム**でもあり、自分がつくった**自分の映画を延々とひとりで鑑賞しているだけの孤独なゲーム**でもあり、**自己否定ゲーム**でもある。そして、身体が死んでも逃れられない脱出不可能ゲームなのです。

質問者　ドラゴンクエストやモンスターハンターにも それぞれゲームの特徴があるよう

に人間ゲームにも設定があると……。それにしても人間ゲームは強烈なゲーム設定ですね。

ノジェス　さらに付け加えるなら、「**いつも不安になるしかないゲーム**」とも言えます。

質問者　確かに人生に不安はつきものですね。闘争して、騙し合って、繭のなかの孤独状態だから不安になるのかな。でも、分かりやすい不安だけじゃなくて、漠然とした不安も、いつもつきまとって拭えない感があります。

ノジェス　闘争や騙し合い、繭のなかの孤独は不安材料のひとつです。でも、漠然とした不安はもっと根深くありませんか？　この漠然とした不安の理由は、「存在している」「生きている」「わたしは女性だ」などと直結します。

質問者　つまり、「存在だと不安になる」ということですか？

ノジェス　そうです。存在は「模様や色、形があるもの」を指しますが、これらは虚構であり、儚いものです。**必ず始まりと終わりがあり、いつ壊れるのか分かりません**。ですから存在は、存在が壊れてしまわないように、必死で動的平衡を保とうとしています。

質問者　動的平衡を保つとはどういうことですか？

ノジェス　自転車に乗るとき、左右のペダルを速く漕ぐほどバランスが安定して、スピードも増しますよね。でもペダルの動きを止めてしまえば、ぐらついてバランスを崩し、倒れてしまいます。動的平衡状態を簡単に言えば、自転車のペダルを猛スピードで漕いで左右のバランスをとっているようなものだとイメージしてもらえれば大丈夫です。

質問者　なるほど。自転車が倒れないように動き続けるみたいに、存在も何かでバランスをとり続けているのですね。

ノジェス　はい、その「何か」はあとで説明しましょう。つまり、模様や色、形があるものは弱くて壊れてしまい、反対に模様や色、形が無いものは強くて壊れないということです。このことから、**「存在がある」「この身体が自分だ」などと思うだけで無意識に不安を覚えるの**です。

質問者　例えば、普段はほとんど死を意識していないけど、死への恐怖があったり、若さが失われていく喪失感も、あったはずのものが無くなるという不安の現れですか。

ノジェス　それもそうですね。さらに、「身体の自分」では、何ひとつ正しく分かりません。それなのに、いつの間にか繭のなかでゲームが始まっているわけです。どんなゲームなのかも分からないまま、ゲームに参加しなければならないとしたら不安でしょう?

質問者　不安ですね。「みんなは何をやるのだろう」「どう振る舞えばいいのだろう」と、必死で観察して、見よう見まねでやってみるしかないです。

ノジェス　サッカーのルールも知らずに、いきなりフィールドに放り出されたら戸惑いますよね。うっかり野球のバットを持って参加してしまったら「こいつ、何やっているんだ！」って怒られるかもしれません。

質問者　それは迷惑ですね。空気読めなさすぎです。

ノジェス　人間ゲームも同じです。**どんなゲームなのか、何をどうすればいいのか、本当は誰も分からない**。だから身近な家族や友だちの真似をするしかありません。本当はまず、「どんなゲームなのか」を知る必要があります。わたしたち人間は、どこから、どのように、なぜここにきて、この先はどこへ向かうのか。存在とは、人間とは、など真っ先に知らなければならないことを知らないまま参戦するからゲームを楽しめないのです。

質問者　そういえば、「なぜ生まれて、なぜ死ぬのだろう」とか「いつか死ぬのに、生きる意味は何だろう」などと幼い頃は考えていました。けれどいつしか関心事は目先の出来事だけになり、その対応に忙殺されています。でも、生まれてから今の今までずっと何も分からないまま、漠然と人間をやっていたのかと思うと愕然としてしまいます。

ノジェス　ですから、**「無知の不安」**もずっとつきまっているはずです。しかも、何ひとつ思った通りにならない**「偶然まかせの人生」**です。いつ何が起こるのか分からない。環境や相手が仕掛けてくる予測不能なテロ攻撃に反応しなければならないから、怖さと緊張で気が抜けません。

質問者　連続パンチを食らって打ちのめされているような気分です。人間で生きるって大変すぎます。

ノジェス　アニメ「エヴァンゲリオン」の劇中に登場する「ATフィールド」が、まさに繭のなか（脳のなか）とそっくりです。正式には、Absolute Terror FIELDと言って、日本語では、「絶対恐怖領域」または「絶対不可侵領域」と言うそうです。名前もピッタリで面白いですね。

質問者　エヴァは好きですよ。ATフィールドの例えは分かりやすいですね。自分と他人の境界線がバリバリで「心の壁」とも言われていますよ。

ノジェス　ATフィールドのなかはいわば監獄のようなもので、わたしたち人間はそのなかで必死に生き残ろうとしてきました。ですがこれでは生存競争をする動物と何も変わりません。

質問者　動物とは聞き捨てなりませんね。動物をバカにするわけではないですが、人間は動物とは違うと思います。何も分からずに人間をやってきたとはいえ、それでも人間としてのプライドが傷つきます。

ノジェス　人間が持つ最高の機能を発揮していないのが、これまでの人間だと言ったでしょう。生命維持に必死になるのは、「生命体レベルの人間」です。生死が何なのかも分からず、「身体が生きること」に執着します。生死とは何かを分かり、生死を超えた「精神体」になれるのが本来の人間であり、動物との差別性です。でも、「身体が自分」だと思っていれば精神体にはなれず、人間の最高の機能も発揮できません。これでは宝の持ち腐れです。「身体が自分」だと思っている限りは人間になりきれないのです。

質問者　人間になりきれていない……。

ノジェス　さらに言うと「身体が自分」では、動物と変わらないだけでなく、機械とも何ら変わりません。

質問者　動物の次は機械ですか。機械と一緒とは、さすがにそれは言い過ぎでしょう。

ノジェス　機械は決まったアルゴリズムを繰り返しますよね。そうみれば生命も機械です。生命もアルゴリズムの設定どおりの機械的な動きをしているので、この観点でみれば、「生命＝機械」とも言えるのです。

動物、植物、人間など、すべては機械的な同じパターンを繰り返しています。つまり人間は、**生命活動も、思考や感情も、因果法則で成り立っている機械にすぎません**。

質問者 同じパターン、ですか……。赤ちゃんで生まれて年を取って死ぬ、食べたら排泄する、空気を吸って二酸化炭素を出すなど、確かに身体は常に規則的で機械的な動きを繰り返していますね。考えや感情も、言語エネルギーの因果アルゴリズムだったし……。ちょっと悔しいけど機械のように思えてきました。

ノジェス 機械は機械でも、ＡＩからみた人間は「三流機械」です。ですから人間は、いち早く精神体へのシフトが必要です。

質問者 三流機械か……。でも、今のままの人間なら、そう言われても仕方がないのかも。型落ちや性能が低下した電化製品のように用済みになりそう……。ＡＩから、「人間はいらない」と言われないようにがんばらないと。

ノジェス そうですね。それと友人の男性の話で「虚無感」についても触れていましたよね。尽くした会社に捨てられて「がんばっても意味ない」と。

質問者 彼の姿は見ていて気の毒になります。でも、わたしも、たまに虚無感に襲われます。

ノジェス 「存在がある」「この身体が自分」だと思うだけで不安だと言いました。いつ壊れるのか分からない、いつ終わるか分からないという偶然に支配されていると。だから虚無になるのです。懸命にがんばったことを一瞬で失えば、「がんばっても意味ない」「どうせいつか終わる」と思うでしょう。むしろがんばった人ほど、そう感じるかもしれません。

質問者　繭のなかは、がんばれば、がんばるほど、自分の首を絞めてしまう牢獄なのですね。がんばっても地獄、がんばらなくても地獄。さらなる地獄は、「何でそうなっているのか分からない」こと。少しずつですが、わたしも正しい絶望に近づいてきた気がします。

ポイント

- 人間ゲームは、脱出不可能ゲーム
- 身体が自分と思えば、存在不安、存在孤独、無知、ストレス、虚無
- 身体の人間は、三流機械

case ⑥

経済の絶望

お金がなくて地獄、あってても地獄

質問者　次は会社経営をしている男性の絶望です。彼は母子家庭で育ち、お金に苦労しました。食べるものもなく、着るものもなかなか買えなかったので、同級生にからかわれたり、バカにされたりを繰り返し、ずいぶん悔しい思いをしたそうです。今に見返してやるぞと人知れず努力したかいもあり、起業した会社は大きく成長し、年収も５０００万を超えて富裕層の仲間入りも果たしました。でも、いくらお金があっても、「まだ足りない」と、焦りや不安が出て、得られたことへの満足感や充足感はないそうです。笑顔を向けられても称賛をもらっても、「しょせん、金のつながりだろ」と、冷めた目で見てしまい、誰も信用できる人がいなくて辛いと言います。

ノジェス　これまでみてきたように、繭のなかのサナギ状態で「身体が自分」「アバターの自分＝本物の自分」だと思っていては、幸せも成功もどんどん遠ざかるしかありません。

質問者　なぜあの人が……と耳を疑うような著名人の自殺もありますから、世間が羨むような成功者でも、人生に満足することは簡単じゃなさそうです。わたし自身、「お金があれば……」「もう少し美人だったら……」「あの資格があれば……」と、何かと不足を補おうとしましたが、満足したためしがありません。

ノジェス お金や人脈が人よりたくさんあっても、目標を達成しても、心の不足感が埋まらないのはなぜだと思いますか？

質問者 うーん、分からないです。どこまでいったら人間は満足できるのだろう？

ノジェス 繭のなかのサナギ、つまり「身体が自分」だと思っている人間は、「できない・足りない・分からない」になるよう初期設定されています。ですから永遠に満足感や充足感は得られません。

質問者 これまた嫌な初期設定ですね。どういうことですか？

ノジェス 実は、「すべてがつながっている」と言いましたよね。つながりを絶つ機能を持った五感と脳で認識すれば、境界線を引いて「身体が自分」だと錯覚します。境界線の内側は「自分」、それ以外は「自分以外」というように、**自他を分ける**のです。ちなみに人間だけが「自分」を認識して我意識を持ちます。動物にも植物にも、もちろん物質にも我意識はありません。

余談ですが、「自分」という漢字は面白いですね。本物のあなたが「自ら」「分けた」結果が、身体が自分だと思い込んでいるアバターのあなただ、とみればピッタリです。

質問者 へー、すごい！

ノジェス 「わたしはこんなもんじゃない」と、自分のなかでささやく声はありませんか？本物の自分は、今ここが満ち足りたパーフェクトそのもの。有能感に溢れています。でも、「身体が自分」になった瞬間、足りないことだらけの欠落人間です。だから「あれが足りない、これが足りない」と、ないもの探しに明け暮れ、不足分を埋めようとする。これを「×（バツ）から○（マル）の変化」と言います。

そうやって、「これを得よう」と目標を掲げ、達成をしても、またすぐに足りなくなる。繭のなかのサナギ状態のあなたが、どれだけがんばっても、本物のあなたにはなれません。でもなりたい。だから「×から○の変化」を終わりなくやり続けます。

質問者 それわたしのことです。目標を目指してがんばるけど、得られた喜びは、まるで打ち上げ花火のように一瞬で消え去って、すぐに「でもまだ、これが足りないから……」と足りないところにフォーカスをしてしまう。得られたことをもっと喜べばいいのに、って自分でも突っ込みたくなります。

ノジェス　自分のなかの不足感だけじゃなく、他者との相対比較も働きませんか?

質問者　もちろんです。コンプレックスの塊で比較ばかりしています。脳の認識のクセが大活躍していますよ。

ノジェス　どの世界にも上には上がいますから、比較しても終わりがないですよね。仮にトップに立っても、いつ逆転されるか分からないから、プレッシャーも半端ない。相対的な幸せや成功は、条件付けの幸せや成功です。条件が崩れれば一気に消え去ってしまいます。お金があるから、健康だから、若いから、能力が高いから、ポジションがあるから、などという理由で「幸せだ、成功だ」というなら、それらを失ったときは一気に転落します。

質問者　存在はいつ崩れるか分からないという存在不安にもつながる話ですね。存在は本当に脆いなあ。

ノジェス　優劣で幸せをはかること、相対的な幸せや成功を求めることは、条件付けの幸せや成功であるだけでなく、成功や幸せの基準が「他人軸」であることも物語っています。これまでの幸せは、相対的にみて幸不幸を決めていただけですし、そもそも「幸せとは何か」をはかる基準軸を持っていないはずです。

質問者　自分のなかの幸せの基準ですか……。「比較をせずに幸せや成功を感じるのか」

をイメージしてみましたけど、どうしても誰かの顔や名前が浮かびますし、一般常識や世間体なしでも考えられません。わたしの幸せは、周りからの評価や承認の有無が基準であったことは、言い逃れできませんね……。「しあわせはいつも自分のこころがきめる」という相田みつをさんの有名な言葉がありますが、繭のなかという相対の世界でこれを実現することは本当に難しいのですね。

ノジェス　さらに言うと、「身体の自分」は自己否定の達人です。できない・足りない・分からない、自分はダメだ、無力だと、否定するようにできています。だから、それを見破られないように、自分を大きく見せようと虚勢を張ったりするのです。

質問者　知らないことを「知らない」と言えずに見栄を張ることはよくあります。自信のなさや無知がバレると「負けだ、恥だ」と思ってしまうから、つい無意識にやってしまうんです。

ノジェス　これからは、成功や幸せの基準を変える必要があります。これについてもまた後ほど深めましょう。

ポイント

成功や幸せの基準を変える必要がある

自他を分けた「身体の自分」は、できない、足りない、分からないが初期設定

×から〇の変化を永遠にし続ける

case ⑦ 社会・未来の絶望

将来の不安、未来の不安

質問者　未来に悲観して諦めている友人の話です。この先、どうなってしまうのかを考えると思考が停止すると言います。世の中の空気はギスギスして、心の病がどんどんひどくなるのを感じるし、日本は没落していくし、じゃあ日本から海外に出ればいいのかと思うけど、結局どの国も同じ道をたどるだろうから一時しのぎにしかならないことは目に見えている。

気候変動も進んで、人や動植物が住めないどころか、近い未来、絶滅に追い込まれるのではないかと思うほど。超富裕層は、地球に見切りをつけて火星に移住しようとしているらしいけど、ほんの一握りの特権階級だけなので、みんな見捨てられるだろう。

もう何も考えたくない、長生きしたくないと言っています。

ノジェス　量子力学的な不確実性の時代と言いましたが、ＶＵＣＡ（Volatility：変動性、Uncertainty：不確実、Complexity：複雑性、Ambiguity：曖昧性）時代とも言われていますよね。先行き不透明で予測が困難なので、同じような苦しみを抱える方が大多数ではないでしょうか。

質問者　同感です。特にここ数年は、ジェットコースターのような目まぐるしい時代の変化に振り回されっぱなしです。このままじゃマズイことは分かるけど、成すすべがなくて無力感満載です。流れに身を任せるしかないのも悔しいけど、何かやったとしてもどうせ大海を手で塞ぐようなものですし、そもそも手で塞ぐようなアイデアも絞り出せません。

ノジェス　でも、このまま手を打たずに放っておくと、情報知識や貧富などの格差も強烈になります。このようにアイデアが枯渇して変化に対応できない理由は何だと思いますか？

質問者　わたしには難しいです。さっき話されていた、「情報をゼロ化できる能力」でもあれば、白紙からアイデアを出せそうですが……。あのゼロ化とは、「ゼロベース思考」のことですよね？

ノジェス　一般的な「ゼロベース思考」と、わたしが言うゼロ化はまったく違います。一般的なゼロベース思考は取り組んでみましたか？　本も出ていますし、ネット情報もたくさんありますよね。

質問者　一応やってみましたが難しかったです。「バイアスをゼロにして」と言うのですけど……。あ、そっか。どうやら、いちばん重大なバイアスを見落としていたことに今、気づきました！　存在は脳による虚構だから、存在が「ある」というのは、強烈なバイアスですね。

ノジェス　よく気づきました。繭のなか（脳のなか）から出発していたら「存在」が存在しないとは夢にも思いません。ですからゼロ化の対象外だと思ってしまうのです。

質問者　さすがにこれは誰も気づけませんね。わたし自身、ここまで理解が進んでも、「存在するでしょ」と、脳が一生懸命にささやいて騙してきます。

ノジェス　わたしが提唱する本物のオールゼロ化、つまりゼロベース思考は、人間が脳で認識して「ある」と思うもの、つまり、脳でイメージできるものをすべてゼロ化することです。あなたも宇宙も時間も無い。だから過去も現在も未来も無い。エネルギーも空間も無い、動物や植物、人間、物質などすべての存在も無い。生命も精神も無い。「わたしは男だ」「わたしは人間だ」「わたしは生きている」など、脳で判断ができることやイメージ可能な世界をオールゼロ化ができたとき、晴れて「ゼロベース思考」だと言えます。

質問者　本当に何も無いのですね……。

ノジェス　オールゼロ化をしてしまったら、「無い」ままで終わりだと思うでしょう。でも違います。オールゼロ化をしたところから、**「あったり・無かったり」というデジタルの動き**が生まれます。ちなみに、「ある」と錯覚するのは、脳による残像現象です。

質問者 脳による残像現象？

ノジェス アニメーションや動画、もしくはパラパラ漫画をイメージしてください。独立した静止画（フレーム）を連続して見ることで、あたかも「動きがある」ように見えます。これは、脳の認識のクセのひとつに、「過去とつなげて認識する」というものがありますが、脳が過去のフレームとつなげることで、静止画を滑らかな動画のように見せるのです。今の時点では、このくらいの理解で充分でしょう。時間、空間、存在、エネルギーなどを存在させる仕組みは、別の機会にお話しします。

質問者 すごく楽しみです。それにしても、これまでのゼロベース思考とは圧倒的にスケールが違いますね。

ノジェス ゼロ状態は、ブラックホールのようなイメージが分かりやすいでしょう。ブラックホールは光すら逃げられないほどの強烈な引っ張る力（インプット力）があります。と同時に、無限大の爆発力、発信力、創造力、想像力（アウトプット力）もあります。

質問者 パワフルですね！ ゼロ化のイメージがガラッと変わりました。

ノジェス　ちなみにオールゼロ化ができれば、相手の話が心から聴こえるようになります。心の底からつながりたいと思うなら、すべてをマイナスすること、カラにすること、捨てることです。例えばオレンジジュースにコーヒーを注いだらどんな味になりそうですか？

質問者　想像したくもないけど、かなり不味そうです。

ノジェス　オールゼロ化ができていない、つまりカラにできていなければ、あなたはオレンジジュースが入っているコップに、コーヒーという「相手の話」を入れているのと同じです。相手が言いたいことを正しく受け取れない、何を言っているのかが分からない、本を読んでも内容が入らないなどが起こるのは、自分のイメージや解釈で頭がパンパンだからです。

質問者　そうなのでしょうね。本は字面を目で追うだけ、人の話は音が耳に入ってくるだけなんてことは日常茶飯事。人の話が聞けていないのだと素直に認めます。

ノジェス　繭のなかは自分だけの映画、つまり「自分の解釈」しかありません。人の話も聞いてない。聞いているつもりになっているけど、自分の解釈を聞いているだけ。事物も見ていない。見ていると思い込んでいるけど、自分の解釈を見ているだけ。例えば、「これはペンだ」「これはスマートフォンだ」「これはカップだ」「この身体はわたしだ」というのも自分の解釈です。

質問者　そうでしたね。わたしが「カップ」と解釈するから、「カップが存在する」のでしたものね。

ノジェス　素粒子物理学の研究者なら「素粒子の塊が存在する」、原子の研究者なら「原子の塊が存在する」と解釈するかもしれません。どう解釈するのかは、ひとりひとり違うのです。

質問者　「世界が数式でみえる」数学者がいると聞いて驚いたことを思い出しました。ということは、このようにすべてが相対的なのに、自分が見ている世界が「真実だ、絶対だ」と錯覚しているということですか……。

ノジェス　これまで人間の現在地を「VRのなか、繭のなか、脳のなか、狩り型の文化DNA」などと表現しましたが、ここでもうひとつ、**「脳の観点1つに固定されている」**こともプラスしましょう。このことを「観点の天動説」と言います。

質問者　観点の天動説？

ノジェス　天動説はご存じですよね。17世紀あたりまで信じられていた人間中心的な宇宙観で、地球は宇宙の中心にあり、太陽や月や星々が地球の周りを回っているというものです。

今もパッと目で見たら、どう見ても天動説でしょう。ではもし、地動説を唱える人がいなくて、神を中心とした天動説のままで時計の針を進めていたら、どんな21世紀を迎えていたと思いますか？

質問者　どうなっていたのだろう？　考えたこともなかったです。地動説によって生まれたものを考えてみればいいのかな？

ノジェス　アリスタルコスやコペルニクスらが唱えた地動説は、地球は太陽を中心にして、ほかの惑星とともに自転をしながら公転をしているという説です。天動説では、恒星の年周光路差と年周視差も、木星の周りを回るガリレオ衛星なども説明ができず、つじつまが合いません。地動説は天動説の宇宙観を根底から覆す主張ですから、当然、異端扱いされ、迫害や弾圧なども受けました。そんななかで、地動説を決定的にしたのは何だと思いますか？

質問者　何でしょう。見当もつきません。

ノジェス　万有引力の法則の発見です。リンゴが木から落ちる様子がヒントになったというニュートンの逸話は有名ですが、彼は「リンゴは木から落ちるのに、どうして月は落ちてこないのだろう？」と疑問を持ちました。

質問者　その疑問を持てるニュートンが、わたしには摩訶不思議です。

ノジェス　ニュートンが登場する前までは、天と地で同じ法則が成り立つとは考えられていませんでした。でも万有引力の法則の発見によって、天と地の法則が統一され、天動説が明確に否定されるようになったのです。ニュートンやデカルトらは、神を中心とした宗教の時代に「**力の概念**」を取り入れ、数学や物理学を本格的にスタートさせたのです。

質問者　ひとつの疑問から時代をひっくり返すような概念を生み出すとは、凄すぎます。

ノジェス　宗教が中心の時代、人々は「神が創ったこの世は完璧だ」と信じていました。でも、そうではなく「**人間は何も分かっていなかったのだ**」と**無知を認めて力の概念を発見し**、**科学技術を発達**させ、わたしたちはその恩恵を享受してきました。今ではロケットを飛ばして月や火星にも行き、ＡＩも誕生させ、手のひらのなかでいつでも映画を視聴でき、宇宙旅行までも可能になっています。これらを可能にしたのが、天動説から地動説の変化です。**動かないものが動くこと、無知を認めたことで、これほどの大きな変化をもたらしたのです。**

質問者　天動説のままだったら、今の生活はあり得なかったのですね。

ノジェス　そうです。でも神中心の時代にしろ、科学の時代にしろ、未だに固定されて動かないもの、それが「脳の観点」です。だから「観点の天動説」だと言ったのです。繭のなかは自分だけの映画で自分の解釈しかない。これが「脳の観点1つに固定」された状態です。

質問者　つまり今までは、「**人類全体が観点の天動説**」だったということですか。

ノジェス　そうです。天動説から地動説の変化によって、宗教の時代から科学の時代へと、人類のステージは想像を絶する大変革を遂げました。でもまだ、観点の天動説です。ですから、未だに動いていない観点を動かすことです。観点の天動説では何も分かっていなかったのだと「無知」を認めることです。

質問者　繭のなかでは正しく知っていることはひとつもない。このことを潔く認めるのが賢い選択なのでしょうが、なかなか勇気がいりますね。

ノジェス　そうですね。でも、観点の天動説から観点の地動説になったら、これまでとは比較にならないほどの大変化が起こると思いませんか？そうなれば、人類が未だに使ったことがない「心の概念」を誕生させた尊厳の時代がスタートします。

質問者　へー。なんだか少しだけ未来に希望の光が差し込んできた気がします。でも尊厳の時代って何だろう……。心の概念も気になります。

ノジェス　尊厳や心の概念については、また後で触れましょう。
話を戻すと、オールゼロ化ができれば、観点をゼロ化したり、そこから無限にある観点も楽しめたりと自由自在になります。でも観点1つに固定されていれば、1つの観方しかできないので、アイデアの枯渇は当たり前です。

質問者　観点が1つに固定されていて、いつも同じ観方、同じ解釈しかできないとなると、つまらない人生になりそうですね。ああ、だから「何か面白いことないかな」と口走ってしまうのか。わたしの口癖なんです……。

ノジェス　何を見ても聞いても同じ結論を導き出すワンパターンですから、つまらなくなるのは当然です。でも**自分の観点や解釈が、「つまらない人生」をつくっている**とは、誰も夢にも思わないでしょう。だから「出来事がつまらないんだ。あの人が退屈なんだ。楽しませてくれないんだ。だからわたしが退屈しているんだ」と、自分を取り巻く周囲を問題視するのです。

質問者　なるほど。「夫の機嫌が悪いから家のなかがギスギスしている。だからわたしが迷惑している」と思うのも、わたしだけの勝手な解釈なのですね。

ノジェス　そうとも知らず「自分の絶対」を押し付けるのが人間です。「知の完全性」という観点の刃を武器に、つねにファイティングポーズで闘いを挑んでいます。「知っている世界が絶対」と思うことは、ひどい暴力と同じです。

質問者 自分の正しさによって闘争を激化させているのか……。

ノジェス 例えば、音楽一筋でオーケストラの指揮者になった50代のAさんが、オーケストラの素晴らしさを広めたい一心で、出会った人に教えて回っているとします。そんなある日、生まれつき耳が聞こえない50代のBさんに出会い、同じようにオーケストラのすばらしさを力説して、オーケストラの演奏会にも連れて行きました。ですが、全く反応しないBさんを見て、Aさんは「こいつ、バカじゃないのか。何で分からないんだ」と腹を立てました。あなたはそんなAさんに対してどう思いますか?

質問者 Bさんは耳が聞こえないのだから、オーケストラのことを語っても分かるわけがないですよね。Aさんの人間性を疑ってしまいます。

ノジェス そうでしょう。でも、これが「人間がいつもやっていること」です。脳の観点1つに固定され、自分の観点が絶対だ、自分の知っていることが絶対だと疑わずに、相手には「自分の観点を理解しろ、合わせろ」と、押し付けます。

質問者 「知っている世界が絶対というのは、ひどい暴力」という言葉が、じわじわと身に沁みてきました。

ノジェス　アリを見て「歩くのが遅い！　もっと速く歩けよ！」とは言わないですよね。それは、アリと人間ではスピードが違うことを理解しているからです。実は人間同士も、アリと人間のように違います。ひとりひとりがまったく違う宇宙の住人だから、お互いに見ている認識画面は似ているけど全然違う。家族のように同じ空間にいる人同士でも違うのに、環境が違う人同士はもっと違います。時間もその人それぞれの時間だから相対的です。このようにすべてが相対的なのに、「自分の絶対」を優先してしまうから秩序が成り立たない。それでは困るので無理やり秩序をつくるしかない。だから現実はいつも闘争の場。暴力や財力などの力で支配する側と、それに支配される側が生まれて我慢を強いられる。これを８００万年ずっと繰り返しているから、日常生活そのものが絶望の海になっているのです。

質問者　表向きは平和を装っていても、いたるところで目には見えない戦争が続いている。人間が傷だらけなのは、なるべくしてなっているのですね。

ノジェス　あなたのお友だちは、「未来に悲観して諦めている」と言っていましたね。ここまでは、ゼロベース思考ができないことと、観点が１つに固定されていることを中心に話してきましたが、次は、「シミュレーションを変えられない」ということを考えてみましょう。

質問者　シミュレーションということは、これから起こることを予測することですか？

ノジェス　例えば家族旅行だったら、まず旅程を決めて、その旅程で問題がないかをイメージしてみますよね。何が起こるか事前に分析や予測をして、何か問題があれば変更をかけるでしょう。シミュレーションを変えられないということは、そのストーリーを変えられないということです。

質問者　つまり、問題があると分かっていても、そのまま実行するしかないということですか？

ノジェス　そう。だからお友だちは「未来に悲観」しているでしょう。では、どうすればシミュレーションが変えられるようになると思いますか？

質問者　うーん、わかりません。わたしの場合、仕事でも何でも力がある人にお任せして、その流れに乗るしかないのが実のところです。

ノジェス　自分には無理だから……と諦めて、本音は嫌だけど、他に人生を預けてしまうのですね。では、あなたの言う力を持つ人がどんな人かというと、「**生産手段を持つ人**」に当たります。

質問者　生産手段を持つとはどういうことですか？

ノジェス　現実は闘争の場だと言いましたね。王政の時代は暴力によって闘争に勝利しました。そして産業革命以降は、財力によってポジションを得てきました。財力をより具体的にみると、経済学における生産の3要素（土地、労働、資本）、それと「情報」を持つ人が資本主義の勝者だと言えます。

もともとは「自分の見ている世界や知っている世界（認識画面）を無視するな」と自分の観点に価値を持たせたいがためですが、どれだけ自分の観点を力説したところで誰も認めてくれません。ですから勝利するためには言葉に代わる「戦争道具」が必要です。その道具の中心が、今の時代は「モノ商品」です。

質問者　言葉に代わる道具が生産手段で、それによってモノ商品を生み出し、それが世間に受け入れられた人や企業が力を持つという理解でいいですか。例えば今だと、アメリカのＧＡＦＡＭ（ガーファム）や、中国のＢＡＴＨ（バース）辺りが圧倒的にそのポジションに君臨していると思いますが。

ノジェス　そうです。そうすると**生産手段とモノ商品を持たざる人たちは、彼らの生産物を**

消費するだけか、生産を手伝って彼らに従うだけという弱い立場に立たされます。そしてその格差の広がりは留まるところを知りません。

質問者　日本も「1億総中流」なんて言われていたのに、いつの間にか格差が広がりましたよね。相対的貧困率は主要国でトップクラスだと聞いたことがあります。

ノジェス　この流れを止めるためには、これまでとは全く異なる生産手段が必要です。しかも、これまでのように「特定の誰か」だけが生産手段を持つのではなく、「誰もが」持てるようにすることが重要です。

質問者　誰もが生産手段を持つなんて想像できません。そんなことが本当にできるのですか？

ノジェス　できますよ。本物のゼロベース思考ができれば可能です。ＡＩ時代に求められるのは、情報をゼロ化できる「オールゼロ化をする力」と、情報をどう解釈して新しい創造を生み出していくのかという「リテラシー力」だと言いました。自分の考えができなかったところから、オールゼロ化を通して自分の考えができるようになる。それを可能にするのがリテラシー技術です。

質問者　オールゼロ化ができたら、わたしも生産手段を持てるようになるのですか？　わたしのなかに革命がおこりそうな予感がしてドキドキします。

ノジェス　まさに生産手段革命です。脳のなかで自分勝手な解釈を暴走させるのではなく、誰もが望む結果を生み出せるようになるには、オールゼロ化をしたところから「仕組み」ですべてを観られるようになることです。仕組みが分かれば、新しいゲームの設計、つまりストーリーを創り出すことができるようになりますから。

質問者　つまりそれが、シミュレーションを変えられるということですか？

ノジェス　それはファーストステップです。シミュレーションを変えるためには、ゲーム設計をするだけではダメです。例えばコンピュータゲームのプログラムを書いても、実行にうつして世にお披露目しなければ夢物語で終わります。同じようにシミュレーションを変えるには実行が必要です。そしてともに実行する仲間がいないと始まりません。

質問者　なるほど。確かに一人でできることは限られていますからね。

ノジェス　もちろん、それもそうですけど、**「自分のなかのチームプレー」**から始めましょう。まず、あなたのなかの内戦を終わらせることです。いつも考えが整理されずに後悔ばかりしている、何も決められない、と言っていましたよね。そんな一貫性がない考えや感情をスッキリとコントロールすることです。

質問者　なるほど。他者との闘いだけじゃなくて、自分のなかも闘いが常態化して疲弊していたと。だからまずは自分の内戦を終わらせることからなのですね。

ノジェス　そうです。暴走しまくっていた考えや感情が、オールゼロ化をしたところから仕組みでみることによって「同じゲームをする仲間」として応援する側になり、同盟が結ばれます。すると無駄な考えや感情がスッと静まりますよ。

質問者　そうなりたい！

ノジェス　そうでしょう。そしてあなたのような人が、ひとり、ふたり……と集まったとイメージしてみてください。

質問者　結束力の強いチームができそうですね。我慢して無理やり合わすこともなくなりそう。ムリなくチームプレーができて、シミュレーションを変えることも夢じゃないと思えてきました。

ノジェス　そうです。だから繭のなか（脳のなか）が「地獄だ」と早く気づいて、自由になることです。未来に悲観して諦めてしまうのは、道がみえない、道が創れないからです。また、「現実が絶対」だと思う限り、失敗が怖くてチャレンジする勇気が持てないし、そもそも楽しめない。繭のなかは、本当のあなたがつくったゲーム、そして「身体の自分」

はアバター　これが分からないと人生は楽しめません。

質問者　おかげさまで、だいぶ道がみえてきました。まだ疑問はたくさんありますけど、「脳のなかは生き辛いようになっている」ということは、よく分かりました。それなのに、人間は本当によくがんばってきましたね。自分もみんなも褒めてあげたい気分です。

ポイント

- 繭のなか、脳のなかでは、本物のゼロベース思考ができない、観点が1つに固定され、シミュレーションが変えられない、消費する側に留まり生産手段を持てない
- 観点の天動説から観点の地動説に観点が移動、上昇することで、科学技術以上の変化をもたらす

✓ **我慢して・妥協して・合わせて・演じるフリ人生**
現実は秩序がつくれない「ポジション争奪戦」現場

「リテラシー（解釈）」は、ひとりとして同じ人はいない。だから意味や価値も人それぞれ。多様性を認める・秩序の維持は、我慢の賜物。

✓ **「話せばわかる」も真っ赤なウソ、言語も騙す道具**
コミュニケーションすればするほどズレてしまう

既存の言語はイメージ共有ができない、体験や経験の範囲しか語れない。言語エネルギーの因果アルゴリズムも全員違うので絶対に分かり合えない。

✓ **自分の考えを一度も持ったことがない、マネ人生**
あなたが正しく知っていることはひとつもない

存在の根っこが分からない。だから外に正解を探して必死に真似をする。知識＝暴力。ゼロ化＆再解釈能力で自ら意思決定できるようになる。

✓ **「存在＝不安」身体のあなたはアバター**
脱出不可能ゲームの中は偶然まかせの人生

存在は弱くて壊れる。だから存在を認識すれば不安、恐怖、虚無、無知。予測不能なテロ攻撃に反応せざるを得ないゲームだから、いつも不安。

✓ **観点１つに固定される観点の天動説から**
観点０・∞・１を自由往来する観点の地動説

観点１つではマンネリ、アイデア枯渇。あなたの解釈であなた自身を苦しめる。スタートラインもバラバラ。平等で絶対に裏切らない仲間は得られない。

3章 正しい絶望とは何か

本物の希望への道を閉ざす「中途半端な絶望」

ノジェス　ところで、西遊記の「釈迦の掌の上の悟空」の話はご存知ですか?

質問者　お釈迦様に「この右の掌から飛び出すことができたら勝ち」と言われた孫悟空が、超スピードの觔斗雲（きんとうん）に乗って遥か彼方までいき、到達したところにあった5本の柱に「悟空参上!」と、到達の証しとして自分の名を刻む。それを得意げにお釈迦様に報告したら、なんとお釈迦様の指にその文字が書かれていて孫悟空はびっくり、という話ですよね。

ノジェス　孫悟空は、釈迦の掌の上で喜んだり悲しんだりしています。そんな孫悟空に対して何を感じますか?

質問者　初めてこの話を知ったとき、「わたしのこと?」と、孫悟空に共感したことを思い出しました。中学生の頃、母親に反発して家を飛び出し、有り金で新幹線に乗ったんです。「これで自由だ!」と喜んだのもつかの間、すぐに補導されてしまいました。

まんまとお釈迦様に手玉に取られている孫悟空の姿と自分とを重ね合わせて、子供ながらに悟ったんです。「親からは逃げられない。見えない鎖でつながれる」と。

ノジェス　家出は一大決心だったでしょう。あっけなく連れ戻されて無念でしたね。

質問者　はい。それで今、ふと思ったのですけど、「繭のなかで〝体が自分〟だと思っているアバター」も、孫悟空も似たり寄ったりですね。あがけばあがくほど逃げられなくなる牢屋なのに、それを知らずに無駄な抵抗を繰り返してしまう。嬉しいことや嫌なことも、しょせんは繭のなか、夢のなか。そう思うと、超狭いところで踊らされているようで、ムカつくと同時に悲しくもなります。

ノジェス　その無駄な抵抗は、「中途半端な希望」の現れです。中途半端な絶望、ニセモノの絶望は、裏を返せば中途半端な希望、ニセモノの希望を抱いてしまうことにつながります

質問者　やっぱりそうですか。絶望だけじゃなくて、希望も中途半端だったとは……。

ノジェス　ここまで理解した内容をベースに「これまでの人間が抱いてきた希望」をみてみましょう。いかに中途半端だったのかがみえてきます。では代表的なものを挙げてみます。

これまでの人間の希望

1 相対比較による希望

相手よりも優ることで優越感を得て満足するもの

例えば、裕福、社会的地位、専門知識やスキル、容姿端麗、特殊能力、人脈の多さなど

2 一時的、部分的な希望

自分だけ、家族だけ、自分の企業だけ、自分の地域や自国など、一部分の満足感

旅行、買い物、お酒などで感じる一時的な満足感

3 五感による受動的な希望

五感を満足させて快楽を得るもの。考えなくても楽しめる「芸能」など、努力をしなくても得られる受動的な楽しさや感動

(例えば、目は「見よう」としなくても目を開ければ自動的に見えるので努力不要)

4 違いを認め合うことで得られる希望

相対的な和を良しとして、ほどほどの距離を保つ消極的で表面的な平和

5 人間最高の機能を無視した希望

「人間はこんなものだ」と自ら可能性を閉ざし、小さな夢で妥協して満足する

生存意志（生命維持、生き永らえること）に執着した希望

6 自分以外の何かで満たそうとする希望

家柄、パートナー、肩書き、装飾品、所持品などの鎧やメッキで自分を大きくみせ、自己否定を隠す

7 人の承認を得ることで得られる他人軸の希望

人の役に立つ、いい人を装って演じる、相手の要求に応えるなどで認めてもらう

質問者　どれもこれも見事に当てはまり、グサリときます。わたしに限らず、家族や同僚、友だちなど、多くの人が中途半端な希望を抱いていますね。「こんなことが叶ったら幸せになれる、成功者になれる」と、大なり小なりやっているはずです。

ノジェス　そうでしょう。これらを総じてみれば、**身体の自分が幸せになろう、成功しようとしていること**です。そのベースで、「**×から○の変化**」を望んで励みます。

質問者　「×から○の変化」は、できないことができるようになる、足りないことを補う、という意味合いでしたよね。

ノジェス　そうです。身体の自分の基本アイデンティティは、「できない・足りない・分からない」という自己否定です。その不足を埋めようと、「○○さえあれば」「～のために」と目標を掲げて計画を立て、条件をクリアしようとするのです。

質問者　わたしの場合は、「35歳までに結婚して出産をする」と決めて、仕事を調整したり、資金を貯めたり、女子力を磨いたり、婚活をしてパートナーを探したり……などがそれにあたると思います。その目標を叶えることが人生のゴールかのように走ってきたけど、いざ叶っても「え？こんなもの？」と、満足するどころか、燃え尽き症候群のようになりました。

ノジェス　それでまた、次の目標を立てませんでしたか？

質問者　もちろん、次は子育てに励みました。母親として至らない点にフォーカスしたり、子供に対しても、「同い年の子たちから遅れないように」とアンテナを張ってみていたり。わたしも間違いなく、「×から○」や「～のために」をやり続けています。

ノジェス　中途半端な希望は、ひとつ条件をクリアしても、すぐに物足りなくなります。「身体の自分」をベースにして望むものは、「ある条件をクリアしたら得られる」というものしかなく、その条件はエスカレートし続けます。だから、「ああしたい」「こうしたい」「こうなればいい」「あれもほしい」がエンドレス。億万長者でも「まだ足りない」と思うそうです。

質問者　それにはすごく共感します。ママ友のなかに、「ミセスコンテストに優勝して、旦那様もステキで、子育てもしながらバリバリのキャリアウーマン、性格もよくて、いつも場を盛り上げてくれる」という絵に描いたモデルのような人がいるのですが、彼女はみんなの憧れの的です。彼女のようになれなくても、「少しでも近づきたい！」と、夢みてしまいます。

ノジェス　中途半端な希望は、「抽象的な天国」とも言えますが、「身体の自分（＝サナギ）」だったら、憧れのママ友のようになりたいと思うのは当然です。結婚して幸せそうな友人や、ドラマや映画のハッピーエンドを見れば、「わたしもああなりたい。きっとなれるはず」と、淡い期待を胸に抱いてしまうでしょう。でも騙されないで。どんなに幸せモデルに見える人でも、例外なく「繭のなか（脳のなか）」の牢獄の住人です。パッと目で見て判断するのは危険です。表には見せなくても、誰もがそれなりに心の闇を抱えています。なぜなら身体の自分は必ず「自己否定をするようになっている」からです。

質問者　え……。あんなに完璧に見える彼女も自己否定しているということですか？

ノジェス　もしかしたら、逆に自己否定やコンプレックスが強いかもしれませんよ。「わたしは欠陥だ」という想いが人一倍強ければ、人よりも努力を重ねます。「ダメ人間だから努力しないと」と思う人や「今にみていろ」と反骨精神に溢れる人もそうです。

いわゆる成功者や、「できる人」のなかには、自己否定を埋めるためにアクセル全開で涙ぐましい努力をしているケースも見受けられます。

その人の一部分をみて、「悩みがなさそう」とか「自己否定なんてしないだろう」などと判断するのは、ＳＮＳで充実した生活を送っているような人を見て、「いいなあ」と騙されているようなものです。

質問者　なるほど……。確かにそうかもしれません。本当に人間は、パッと目につくところに意識がいってしまうのですね。ＳＮＳでもつい騙されそうになります。リア充投稿もですけど、「あなたも○○になれます」なんていう広告や、「これさえできれば○○の達人」なんて本のタイトルにも、「もしかしたら本当にそうなれるかも……」と、ウッカリ期待して買うことも……。簡単に騙されてしまう自分がちょっと恥ずかしくなりました。

ノジェス　中途半端な希望を追い続ける限り、繰り返してしまうので気をつけないといけませんね。ここでありがちな落とし穴が、「もう同じことは繰り返さない」と心に決めて、無理やりストップをしようとすることです。実は、これは逆効果。そうではなく、「中途半端な希望を抱いてしまう原因」を理解して元を絶つことです。

ですから、中途半端な希望を抱くのではなく、具体的な地獄をひとつずつ消していく「正しい絶望」が重要です。正しい絶望をしないまま中途半端な希望を描き、中途半端な天国を目指せば、どんな目標や計画を立てても挫折して失敗に終わります。

質問者　なるほど。中途半端な希望に走る原因は中途半端な絶望なのですね。中途半端な絶望について改めてポイントを整理したいです。

ノジェス　そうしましょう。その前に、「正しい絶望がなぜ必要なのか」を別の角度から整理して強化しましょう。

正しい絶望がなぜ必要なのか
～真の勇気とモチベーション～

ノジェス 本当の問題が何なのかという「根本問題の発見」が正しい絶望だと言いました。この発見による効果は何だと思いますか？

質問者 先ほどまでの話で言えば、中途半端な希望に向かってしまうこと、中途半端な絶望と希望を繰り返す無限ループを断ち切れるようになることかなあと。

ノジェス 正しく問題発見ができれば、解決策も自ずと発見されます。解決の道がみえれば、それまで抱えていた不安も、「勇気とワクワク」に反転します。

質問者 確かに、「これでできる！」と分かれば、迷いが消えて勇気が持てそう。逆に先行き不透明だったら怖くて前に進めませんね。

ノジェス 人生において勇気は非常に重要です。勇気の本質を考えたことはありますか？

質問者 怖じ気づくことなく敵に立ち向かう、とか？

ノジェス 惜しいですが違います。勇気の本質は、「断絶」です。

質問者　断絶ですか？　あまり良いイメージがしませんが……。

ノジェス　断絶という単語のイメージがマイナスに聞こえたのかもしれませんね。断絶とはつまり、それまでの流れをバッサリと断ち切れることです。

正しい絶望が分かることは、「これまで人類が歩んだ道が明らかに問題だった」と分かることです。問題発見ができ、解決策＝新しい道がみえたなら、これまでの道に何の未練も執着もなくスパッと断ち切る勇気が湧きそうでしょう。

質問者　ああ、そういうことなら理解できます。

ということは、「そうは言っても、今までのままでも何とかなっていたから、この先も大丈夫なのでは？」なんていう「逃げ道」をほんの少しでも残したらダメですね。未練は残るし勇気もでない。結局、以前のループを堂々巡りしてしまいそうです。

ノジェス　だからこそ正しい絶望を1ミリも妥協せずに理解することです。適当で曖昧な理解にとどめてしまえば逆戻りします。一点の曇りもなく理解して、「これまで」を断ち切る勇気を持てたら、内発的で持続的なモチベーションが湧いてきます

質問者　それは自家発電エンジンのようなものですか。だとしたら魅力ありますね。やらされるのはもうウンザリ。だけど休日の夕方に「今日一日、ボーっと過ごしてしまった」

と気づいたときには、わたしの人生は、今日のように何の意味もなく終わるのか……とブルーになります。半ば強制でもされないと何も変わらなそうです。

もし正しく絶望できたら、やる気エンジンのスイッチを自分でコントロールできるようになるのですか?

ノジェス　そうですよ。正しい絶望との出会いは、究極の希望との出会いでもあります。まるでパンドラの箱のように。

質問者　パンドラが開けてはいけない箱を好奇心で開けたら、すべての災いが地上に飛び出して慌てて蓋を閉めた結果、箱の中には希望だけが残った、というお話ですね。

ノジェス　その箱をあなたも開けてください。中途半端な絶望をぜんぶ出し切って、いちばん深い絶望に出会ったら究極の希望だけがあった。そのとき二度とへこまないあなたになります。

質問者　二度とへこまないわたし……。そんなふうになれたら、最高です。

ノジェス　不安の対義語は「安心」や「安堵」だと思うでしょう。でも違います。実は「ワクワク」です。

質問者　ワクワクですか。ちょっと意外な気もしますけど、妙に納得します。

ノジェス　不安が解消されたら、ワクワクして勝手にモチベーションが湧いてきます。正しい絶望がなぜ必要なのかは、人生においても勇気とモチベーションが必須アイテムだからです。

質問者　あまのじゃくかもしれませんが、不安が解消されるのはいいとして、勇気とモチベーションは何というか……、喉から手が出るほどほしいような気持ちと、優先順位がそれほど高くないのでは……という気持ちが入り混じっています。人生の必須アイテムと言う理由は何ですか？

ノジェス　例えばあなたが、新しく何かチャレンジをしようとしたときに、立ちはだかりそうな壁は何ですか？　思い浮かべてください。

質問者　うーん。これまでの経験から考えると、体力や金銭面、時間などの物理的なことはどうにかクリアできるとして、難関は親や夫からの反対ですね。子供の頃にバレエを習いたいと両親にお願いしても「あなたには無理」と鼻で笑われましたし、働きに出たいと夫に訴えても「スキルのない主婦は役に立たない」とバカにされるし。それでも何かできることを探して、最近、環境活動のボランティアを始めたのですが、「がんばっても何も変わらないわよ」とママ友に言われてしょんぼりしました。

ノジェス　周囲の反対によって自分の決意が潰れることはよくあります。また、「わたしには無理かも」という心の内戦によって潰れることもあります。このように新しいチャレンジをするときに避けて通れないのが「否定」です。

質問者　否定はするのも・されるのもできるだけ避けたいのに、自分にも他人にも、ついやっています。

ノジェス　現実は、万人による万人の闘争の場です。ですので、誰かが何かをやろうとすれば、反射的に否定するのが人間です。些細なことにも否定するので、マイナーなこと、奇想天外なこと、非常識だと思うこと、前例がないことなどには、より強く否定します。

質問者　確かにそういう例はたくさんありますね。車の歴史を聞いたときは驚きました。発明された当初、市街地の制限速度は時速3キロメートルだったとか。しかも50年余りその状態が続いたそうです。ライト兄弟の初飛行のニュースにも、世間の大半は疑いや無関心だったそうです。

ノジェス　軽蔑や激しい否定、いじめなどが溢れる闘争の場で何かをチャレンジするときには、生きる軸が定まっていることと、勇気とモチベーションのバックアップが必須です。

質問者　そっかー、どんなに否定されても心が折れなかったら果敢にチャレンジできそうですね。諦めない、やり通す勇気とモチベーションは、やっぱり必要ですね。

ノジェス　はい。では「正しい絶望とは何か」を整理していきましょう。

正しい絶望とは人類共通の絶望

①経験や体験による絶望→思惟（思考）による絶望

ノジェス　これまでの絶望を一言で言うと、**経験や体験が伴う絶望**です。この絶望は、中途半端な絶望であり、個人的な絶望です。人には人それぞれのドラマがあり、それぞれに苦難や苦労を経験しますが、これは先ほど事例を交えてお話ししたように関係性の絶望、精神的な絶望、経済的な絶望、健康面での絶望、社会や未来不安の絶望、心理的な絶望、無知からくる絶望など、いろいろあります。

反対に正しい絶望は、**人間共通の絶望**です。体験や経験による個人的な絶望ではなく、「思惟（思考）」による絶望。ですから**経験は不要**です。

質問者　「正しい絶望には経験がいらない」と言われると、ホッとする反面、本当にそれでいいの？　という疑問も湧きます。一般的には、「人生のどん底を経験しないと強くなれない」とか、「もっと痛みを味わえ」とか、「苦行をしないと幸せになれないし悟れない」などと言いますし、絶望に限らずとも経験重視派は多いですよね。そんな風潮から、「経験が浅いからまだまだなんだ」と自分を追い込んだり、人に対して経験値で値踏みしたりする人も少なくないと感じます。

ノジェス　わたしは経験そのものを軽視しているわけではないですよ。ただ、正しい絶望には「思惟」が必要だと言っているのです。

質問者　思惟とはどういうことですか？　分かるようで分からないです。

ノジェス　では次の話を通して理解してみましょう。地球は時速約10万7000キロメートルの速さで太陽の周りを公転し、自転速度は赤道上で時速約1700キロメートルです。あなたは今、ロケットよりも速い乗り物、「地球」の乗組員ですが、地球の凄まじい動きは体感していますか？

質問者　いいえ、不思議ですね、地球は猛スピードで動いているのに体感はゼロです。

ノジェス　五感や脳では地球の動きは感じませんね。では、こうしている間にも地球が自転や公転をし続けていることに疑いはありますか？

質問者　いいえ、それは疑いようがない事実かと。

ノジェス　そうでしょう。身体の感覚を当てにすれば、地球は動かないので「天動説」がもっともだと思うでしょう。それでも今、誰もが「地動説」を当たり前に受け入れているのは、身体の感覚で地球の動きを確認できなくても、思惟ができているからです。地球の自転公転を理解してイメージができる。つまり概念で認識できているということです。

質問者　なるほど。身体の感覚が伴わずとも、理解してイメージできれば納得できるということですね。思惟の意味が分かりました。同じように絶望も「思惟」でイメージできれば体感はいらないということですね。

ノジェス　その通りです。では、絶望を正しく思惟できるように整理してみましょう。「正しい絶望」には、大きくはこの2つの特徴があります。

②繭のなかのサナギの絶望〜脱出不可能な罠の絶望〜

①人間共通の絶望　：VRのヘッドセットのなか、繭のなか、脳のなかは人間共通の罠

②根本の絶望　：中途半端な絶望と中途半端な希望を生み出し続ける「絶望製造機」

質問者　なるほど。わたしたち人間を苦しめ、傷つけてきた犯人はコレだったのですね。倒すべき宿敵はたったひとつ。しかも誰にとっても同じ敵なら意外と楽勝かもしれないと思えてきました。終わりがないモグラたたきゲームに疲れていたところに、「コンセントを抜けばいいよ」と言われた気分です。この敵に人類がワンチームで挑めば、即ゲームクリアになりそうじゃないですか。そうとなったら、早く罠から脱出しましょう。

ノジェス　まあまあ、慌てないで。いったいどうやって罠から脱出するのですか？これは「脱出不可能ゲーム」だと言ったでしょう。

質問者　あっ、そうでしたね。またうっかり先走りました……。じゃあどうしたらいいのだろう？

ノジェス　野ウサギが罠に捕まるところを見たことはありますか？「くくり罠」と言って、獲物が通りそうな獣道に罠を仕掛け、そこにウサギが通ると、罠のワイヤーがウサギの胴体や足を括るようになっています。捕まったウサギは何とかして罠から逃げたいから、懸命に前に進もうとしますが、前進しようとしたウサギはどうなりそうですか？

質問者　前に進むほど罠の締め付けがキツくなって、もっと苦しみますよね。かわいそう。

ノジェス　罠の構造が「前進すればするほど苦しむようになっている」から、当然そうなりますね。でも、ウサギに同情している場合じゃないですよ。このウサギは「あなた」のことです。

質問者　わたしですか⁉

ノジェス　あなたもまんまと罠に捕まって、罠の構造も知らずに「前進！　前進！」と、もがいてきましたよね。

質問者　ようやく分かりました。繭のなかという罠から脱出しよう、脱出しようと、中途半端な希望に向かってがんばってきた人間の例えだったのですね。**やればやるほど、自分で自分の首を絞める行為**だったとは、人間はなんと自虐的なのか……。

ノジェス　罠の構造を知らないまま、闇雲に人間の習性を条件反射し続け、自ら苦しみを増大させてきたのが人間です。でも当の本人は、「こんなにがんばっているのに、何で苦しいのだろう？　わたしは何か悪いことでもしたのだろうか？」と、苦しくなる理由がさっぱり分からない。人一倍がんばった人ほど、傷が深くなる傾向があります。

質問者　そうみると人間は涙の塊ですね。幸せになりたいとがんばるほどに逆効果だったなんて皮肉です。

でも、そんな苦しい最中でも、一時的に楽しさや幸せを感じることがありますよね。これもある意味、罠のような気がします。飴と鞭のなかで鞭のほうが圧倒的に多いのに、ごくまれに遭遇する「飴ちゃん」を、つい求めてしまうんですよね。

ノジェス　それも、「中途半端な希望」によるものです。それに騙されながら、自分を誤魔化しながらがんばってきたけど、もうがんばれない。個人も社会も、臨界点ギリギリの紙一重の状態に達しています。熱力学の用語で言えば、エントロピー無限大です。

質問者　エントロピーですか？単語は聞いたことがあるけど物理はどうも苦手で……。

ノジェス　大丈夫です。簡単に説明しますね。例えばコーヒーにミルクを入れるとミルクが一か所からコーヒー全体に広がってカフェ・オ・レが出来上がります。では逆にカフェ・オ・レを「コーヒー」と「ミルク」に分けられるでしょうか？

質問者　いや、無理でしょう。全体に広がったミルクが一点に戻ることはありませんし、コーヒーとミルクに分けることもできません。

ノジェス　そうですね。エントロピーとは「無秩序の度合いを表す物理量」のことですが、簡単に言うと秩序から無秩序になっていくこと、そしていったん変化したら元に戻らない不可逆だよ、ということです。

質問者　なるほど。いくら部屋を片付けても時間とともに勝手に散らかるのは仕方ないということか。

ノジェス　まさにそれもエントロピー増大ですね。エントロピー無限大とは、コーヒーにミルクを入れて、次はオレンジジュース、次はコーラ、次は抹茶……、というように、次から次へと注ぎ続けてパンパンになった状態をイメージしたらいいでしょう。

質問者　想像しただけで吐き気がしそうです。

ノジェス　人間は罠にハマったウサギのように前進ばかりするから、エントロピーが勝手に増大します。狩り型の文化ＤＮＡを思い出してください。条件反射的に目の前のものにパッと飛びつく習性があるでしょう。

質問者　いつもやってしまいます。ＤＮＡというだけあって影響力は半端ないですね。

ノジェス　その狩り型の文化ＤＮＡは、そもそも脳の作用によるものでしたね。時間は脳の残像現象によって生まれますが、時間も一方向にしか進まない「前進中毒」です。つまり、脳が作用すれば「前進」する仕組みがあるということです。

質問者　脳から自由にならない限り、勝手に前進してしまうのですね……。

ノジェス　そうです。だから、脳に支配された「身体の人間」では幸せも成功もありえないということです。

「あなたもVRのヘッドセットを外してみて」と言いましたが、「身体の自分を潔く手放して」ということでもあります。人間は800万年かけて、脳のなかで中途半端な希望と中途半端な絶望を行き来してきたけど、ついにエントロピーの限界まできてしまいました。「知っている世界が暴力」であることも知らずに、知を積み重ねて互いを傷つけ合い、知っていることが多ければ多いほど、やることが多ければ多いほど苦しみが増す「脱出不可能ゲームのなか」で、もがき続けています。

地球上の全員がこんな現在地にいるにも関わらず、根本問題に気づかず、罠の構造も分からず、どう脱出していいのかも分からない。これが今の人間の実態です。

質問者　正しい絶望の意味が、だいぶ分かった気がします。**罠のなかにいることが分かって、罠のなかから外に出ようとしても、出ようとすればするほど、もっと苦しくなる仕組みまでも分かった状態**ということですね。

脱出不可能ゲームを攻略する3つのキーワード

ノジェス　脱出不可能ゲームからの脱出は一筋縄ではいかないことが分かってきましたね。すべての基準だった「脳」で前進ばかりしてきたところから、180度ベクトルを変えなければなりません。

ここでまず、「脱出不可能ゲームを攻略する3つのキーワード」を押さえておきましょう。

脱出不可能ゲームを攻略する3つのキーワード

①脳 vs 心

脳：身体感覚（五感と脳による感覚）、脳でイメージができる世界から出発

心：心感覚（オールゼロ化感覚）、脳でイメージができない世界から出発

②現実感覚 vs ゲーム感覚

現実感覚：現実が「ある」感覚。目で見て「ある」と思って闘争ゲームをする

ゲーム感覚：現実は「無い」、脳が見せる錯覚に騙されない。見ても見ていない、存在しても存在していない。人間ゲームの罠の構造、仕組みを分かって攻略をする

③個人戦 vs チーム戦

個人戦：「身体だけが自分」という個人主義で孤独に闘う

チーム戦：「身体の自分はアバター」だと分かったうえで、本物の自分になって、何とでも誰とでもチームプレーが組める

ノジェス　ところで、「言語の限界が世界の限界」という話は覚えていますか？

質問者　言語は「騙し合いの強烈な道具」というのが特に印象に残りました。あとは、「脳のなかの知識は変化を語るもの」というのが引っ掛かっています。その「変化を語る」道

具が言語ですから。

ノジェス　いいところに目をつけましたね。おっしゃる通り、脳のなかの知識はすべて、「脳でイメージができる」ものです。それは、「いつか変わるもの＝変化するもの」、だから、期限があり、「この条件なら成り立つ」というように、何らかの条件がある知識です。

言語は「〜は（主語S）〜である（述語V）」をベースに構成されていますが、主語と述語で語るこれまでの言語では、繭の外や脳の外という「脳から自由になった世界」は一切、語れません。

質問者　ウィトゲンシュタインの「語りえぬものについては沈黙しなければならない」とは、繭の外のことだったのですね。言語がなければ考えることはできないし、言語で表現できないものは思考できない、ということからみれば、そもそも脳から自由になった世界を語る言語がない。だから表現もできなければ思考もできないということですか。

ノジェス　そうなると既存の言語を使っていては永遠に繭のなかから出られないでしょう。だから、既存の言語の限界を補うために、「**イメージ言語**」を開発したのです。

質問者　イメージ言語？　あんなに学校で学んだ英語ですら未だに話せないから、新しい言語なんてわたしにはムリそう。

ノジェス　心配する気持ちは分かります。でも大丈夫。イメージや概念がつかめさえすれば、子供でも易しく理解できるし、世界の誰でも分け隔てなく使えます。イメージ言語は、これまでの言語の限界を超えるメタ言語です。繭のなか（脳のなか）から脱出する唯一の道具ですよ。脱出するだけじゃなくて、繭のなかと外を自在に行き来できます。

「自分が生きている」「話している」「身体がある」「地球がある」などという身体の感覚は、実にしぶとくて厄介です。あなたも今、「自分がいて、ノジェスを見ている」ことを疑わないでしょう？

質問者　はい、頭では「**脳に騙されているんだ**」とだいぶ理解が進みましたが、でも瞬間的には「わたしが存在するし、そのわたしがノジェスさんを見ている」と思ってしまいます。イメージ言語は、しぶとい身体の感覚に打ち勝つパワーアイテムなんですね。

ノジェス　道具がないと闘えませんからね。イメージ言語は、心感覚やオールゼロ化感覚を身につける必須アイテムです。その感覚を使うとどうなると思いますか？「しゃべってもしゃべっていない」「聞いても聞いていない」「存在しても存在していない」「生きているけど生きていない」という、今まで味わったことがない摩訶不思議な新感覚になります。

質問者　面白そう！「いるのに・いない」なんて透明人間みたい。

ノジェス　透明人間は、「目には見えない、けどいる」状態でしょう。残念ながらそれは似て非なるものです。心感覚は、「視覚的には見えている」けど、実際には「無い」ことが認識できるもの。「あるけど無い」が当たり前になることです。

質問者　うーん。ちょっとイメージが難しいです。つまり**心感覚になっても、目の前に広がる世界は身体感覚のときと何も変わらない**ということですか？

ノジェス　そうです。例えば、現実と錯覚するような夢や、五感を伴うような夢をみたことはありますか？

質問者　あります。あまりにリアルすぎて起き抜けは若干、混乱することもあります。

ノジェス　どんなにリアルな夢でも、起きてしまえば「夢」だったことがわかり、現実ではないことが分かりますよね。たとえ起き抜けに現実と少し混同しても、ずっとは続かないでしょう。

質問者　そうですね。すぐに「夢」と「現実」の区別がついて、夢のことは忘れます。

ノジェス　「あるけど無い」はそれと似たような感じです。寝ながらみる夢だけが「夢」なのではなく、「目を開けながら起きて見ている夢」が「現実」であることを分かりながら、見て、聞いて、味わって、と現実を楽しむのです。

質問者　夢の例えはイメージがしやすいです。とはいえ、「現実＝起きて見ている夢」と、とっさに思えないほど現実がリアルなので、いつも日常で「夢だ」と思えるようになるには時間がかかりそうです。

ノジェス　**「現実＝ＶＲのゲームのなか」のイメージ**でもいいですよ。例えば、現実としか思えないほどリアルなゲームに恐ろしいモンスターが出てきてあなたが殺された。でもゲームが終了したあと、本気で怒ったり、現実に持ち込んだりはしないですよね。

質問者　そうですね。もし、再びゲームのなかに入って、ゲームを再開したら本気モードになるけど、現実で怒って復讐に燃えるようなことはさすがにしませんね。ゲームと現実の区別はできます。

ノジェス　ところで、心感覚といったときにありがちな勘違いが、「心感覚を使うと見えなかったものが見えるようになる」などというものです。オーラや特別な光などが見えるといった五感を超えた超常体験や超常現象を期待しますが、**心感覚になったからと言って、超常体験や超常現象が起こるわけではありません**。超常体験や超常現象も脳のなか、繭のなかで起こることです。何らかのイメージが伴うものはニセモノ、夢だと思えば間違いありません。

質問者　超常体験や超常現象を求めるのも繭のなかのポジション争いの一種なのでしょうか。「わたしは他の人とは違う」と、特別感を味わって他人と差をつけたい心の現れとでもいううか。そんな気がしました。

ノジェス　特別感や優越感は差をつくる行為ですから、それを求めれば繭の外と余計に遠ざかります。繭の外はオールゼロ化された世界なので一切の格差がありません。特別感や優越感は繭のなかの中途半端な希望にすがりつくような行為だと言えます。

質問者　少しずつですが「**現実＝ゲーム**」だと分かってきました。現実は脳が見せる錯覚ゲームで、繭のなかの脱出不可能ゲーム。だったら繭のなかに閉ざされ傷ついている人たちを、「いかに繭の外へと脱出させるのか」。これをゲーム感覚で楽しめばいいんだと思ったんです。夢やゲームだったら失敗もひとつの通過点。失敗を怖がる理由がまったく無くなりますよね。

ノジェス　その通りです。中途半端な絶望なんかに支配されずに、二度とへこまないあなたになって、何でも果敢にチャレンジできますよ。今も誰に指図されるでもなく、「人類を放っておけない！」と自分の内側から勝手にモチベーションがあがってゲームに参戦したくなったようにね。

質問者　放っておけないです。もし自分とほかの数人だけが繭の外に出たとしても居心地が悪そうですし、ゲームとしてもつまらないです。それに、「自分さえよければいい」といい気になっていたら、繭のなかの闘争と同じですものね。「仲間である人間たちを一人残らず脱出させるゲームだ！」と、ゲームにチャレンジするほうが断然ワクワクします。今わたし、ＶＲゲームのキャラクターのような気分です。

ノジェス　頼もしいですね。話を戻すと、「見ても見ていない」という心感覚を身につけましょうという話でしたね。でも、これまで絶対的優勢な立場にあった「五感と脳」も簡単に引き下がってはくれません。彼らは一瞬で騙してきます。「ほら、あるでしょ。どう見てもあるでしょ」と巧みに誘惑してきます。目を開けたわずかな瞬間を狙って間髪入れずに攻め込んでくるので要注意です。

質問者　攻略に手こずりそう……。そういえば、「目は『見よう』としなくても、目を開ければ自動的に見える」と言われたことも衝撃的でした。「努力をしなくても勝手に見えたり聞こえたりする」なんて、言われてみればその通りですが、五感という感覚はどれだけ受け身なのかと……。とはいえ、当たり前すぎて意識することもなかったです。
確かに五感と脳はなかなか隙を与えてくれないでしょうね。彼らに勝つのは苦戦しそうです。よほどトレーニングを積まないとダメなんじゃないですか？

ノジェス　勝利のヒントは「五感と脳のスピードに勝つこと」です。スポーツをみれば分かるように、スピードを制する者がゲームを制します。ですから脳のスピードを遥かに超えるスピードをマスターすることです。結論だけ言えば、心のスピードは脳のスピードを圧倒的に制します。例えばもし、「あなたと光」が１００メートル走をしたら、あなたは完敗ですよね。

質問者　光は、秒速で約30万キロメートルですものね。

ノジェス　でも、あなたからみたら超スピードの光も、心のスピードからみたら「止まっている」と勘違いするほど遅くみえると言ったら？

質問者　？？

ノジェス　実はそうなのです。人間も光も「脳のなかのスピード」だから、心のスピードからみれば、ドングリの背比べ。「遅すぎる」と一蹴されます。

質問者　心は最強じゃないですか。スピードの王者ですね。

ノジェス　ですから心感覚のトレーニングを怠らなければ、必ず脳に勝利します。

質問者　それは心強いです。とはいえ、三日坊主のわたしでも続けられるのか心配です。

ノジェス　だからこそキーワードはチーム戦です。脳の習慣は想像以上に手ごわいですから。800万年もの歴史がある脳の習慣を突破するには、ひとりでがんばるのではなくチームで臨むことです。

質問者　同じ志を持つ仲間とのチーム戦ですね。何だか脱出不可能ゲームを攻略できそうな気がしてきました！

ノジェス　突破の兆しがみえてきたとはいえ、次々と難敵は現れますよ。そもそもゲームが簡単すぎたらつまらないでしょう。難敵の登場を楽しみながら、ひとつずつステージをクリアしていきましょう。

脱出不可能ゲームのパラドックス

ノジェス　ある町には床屋が一軒しかなく、そこは男性が1人で営んでいました。この床屋は、あるルールを決めました。それは、「自分で髭を剃らない人の髭はすべて剃る。だけど、自分で髭を剃る人の髭は剃らない」というものです。この場合、「床屋の髭」は誰が剃ることになりますか？

質問者　あれ？誰が剃るのだろう。頭が混乱します。

ノジェス　実は、このルールはパラドックスです。もし床屋が自分の髭を剃ることにすると、「自分の髭を剃る人の髭は剃らない」というルールに矛盾します。では、自分では剃らないことにすると、「自分の髭を剃らない人の髭はすべて剃る」に矛盾します。

質問者　自分の髭を剃ることもできないし、剃らないこともできなくなるのですね。

ノジェス　これは「床屋のパラドックス」と言って、イギリスの哲学者、バートランド・ラッセルが考案したものです。なぜこの例えをしたのかと言うと、脱出不可能ゲームの攻略の重大な秘密と直結するからです。

質問者　えっ。自分にはあまり関係なさそうな話だと思って、ちょっと聞き流していました。脱出不可能ゲームとどう関係するのだろう？

ノジェス　わたしたちは、罠のなかにいることを知らないままで、「知を積み重ねることが必要だ」と疑わずにきました。だけど知っていることが多ければ多いほど、やることが多ければ多いほど、逆に苦しみが増して、ますます狭いところに追いやられてしまう。罠であることを知らないから８００万年間ずっと堂々巡りです。

質問者　つまり、何かを知ることは首を絞める行為。でも罠であることを知らなければ、ずっと罠に捕まっている。だから罠であることを知らなければならない。でも知ってしまえば苦しい、というパラドックスにはまるのですね。これは困りました。いったいどうしたらいいんですか？床屋のパラドックスのように矛盾してしまいます。

ノジェス　そうでしょう。だから重大な秘密だと言ったのです。このパラドックスを解決しなければ脱出不可能ゲームは攻略できません。さあ、どうしますか？

罠から出られない理由を知らなければならないのに、「知っている」と認識してしまったら絶対に罠の外へ出られない。罠の外へ出なければならないのに、「出た、実践した」と

認識してしまったら罠の外へ出られない。

質問者　うーん。ギブアップです。

ノジェス　諦めてしまいたくなる気持ちはよく分かります。でも、ここで諦めたら繭の外へ出ることは永遠にできません。繭の外に出ることを諦めてしまうことは、自分の幸せを諦めてしまうことになります。複雑な世の中を理解ができないからといって、自分で考えたり理解したりすることを諦め、学問や科学のせいにしてしまうのも同じです。

質問者　手厳しい……。でも仰ることはわかります。知識や誰かに答えを求めて、「そのなかに答えがないから分からない」と、自分で考えることを放棄して、責任を他者になすりつけていてはダメですね。

ノジェス　わたしは繭の外へのナビゲートはできますが、実際に繭の外へ出るのはあなたです。あなた自身がしっかりと「思惟」をして、自らゲームをクリアすることです。

質問者　そうすることで、自分のものになるのですね。

ノジェス　はい、では続けましょう。

「知ること」は必要。だけど主語や述語がある繭のなかはニセモノ。だから知っている世界から自由になった状態で、知っている世界を語らなければなりません。

つまり、**繭の外、罠の外、言語の外から、すべてを知り、すべてを行い、すべてを望まないと脱出できない**。これは罠の構造のトップシークレットです。この罠の構造の秘密を分かることが「正しい絶望」です。

質問者　繭の外に出るには繭の外から観なければならない……。矛盾がありすぎて脳が沸騰しそうです。

ノジェス　パニックになりますよね。ですから新しい感覚が必要です。今まで人類が開発してこなかった心感覚、オールゼロ化感覚です。

見ても見ていない、聞いても聞いていない、存在しても存在していない、喋っても喋っていない、生きても生きていない、という新感覚

質問者　心感覚、オールゼロ化感覚は、改めてとんでもない境地ですね。五感と脳が必死に抗ってくるのが分かります。

ノジェス　頭では理解していても、「目で見ているのに、目で見ていない」と公言するのは勇気がいりますよね。脳ではどう見ても、自分がいて、目があって、何かの存在があって、見ていると錯覚してしまう。だから「無い」と認めるには、相当な勇気が必要です。

質問者　この話は、「脱出不可能に近いのに脱出可能にするためのトップシークレット」

ですよね。サラッと聞いているけど、もしかしたら、とんでもないことを聞いているのでは⁉　とドキドキします。

ノジェス　わたしは日頃から、「目で見ちゃダメ」と言っています。これは本当に重要なキーワードなのですが、初めからこの言葉の意味深さや重要性を理解する人は、あまり多くありません。でも、しつこいようですが、これが本当に重要。なので、そこのところをぜひ、つかんでほしいのです。

目で見る「身体感覚」を卒業して、心で観る「**心感覚**」という新しい習慣への取り組みに関心を持ってもらいたいですね。習慣が変わらないと何も変わりませんから。

質問者　「目で見ちゃダメ」が言わんとする意味深さをもっと腑に落としたくなりました。でも焦らず、一歩ずつ、楽しんでゲームを進めたいと思います。

もうひとつの文化DNA「真の女性性（じょせいせい）」を理解する

質問者　初めに「正しい絶望をおススメします」と言われたときは、心のシャッターを下ろしそうになりました。でもシャッターを下ろさなくてよかったです。あのまま何も知らずにいたらと思うと怖いです。

ノジェス　よかった。でもなぜ怖くなったのですか？

質問者　だって根っこの絶望である「正しい絶望」を見つけられないまま、中途半端な絶望と中途半端な希望の間を行ったり来たりしていたのでしょう。それが800万年も繰り返されていたなんて恐ろしすぎます。身体の人間がいかに哀れで、残酷で、傷だらけなのかが身に沁みて分かりました。

ノジェス　正しい絶望は、どの絶望とも比較にならないほど深い絶望です。そしてあなたが言った通り、人間は紛れもなく涙の塊です。罠の構造やゲームの性質を知らないまま、何も知らずにゲームに参戦することで味わっていた艱難辛苦（かんなんしんく）がどのようなものかは、今の社会の姿が証明しています。被害者意識や社会への不満は増え続け、セルフネグレストや自暴自棄になって破壊衝動に駆られる人も増えています。いつ何が起こるのか分からない。まさに一触即発です。

質問者　胸が痛いですね。でもルールを知らずにプレーすれば怪我や苦戦は当然のこと。がんばれば、がんばるほど、社会が病むのは必然だったのですね。

でもひとつだけ、どうしても理解に苦しむことがあります。繭のなかは「本当の自分」がつくったゲームで、「身体の自分」はゲームのアバターですよね。だったら**なぜ、こんなにもハードな絶望ゲームをセッティングしたのか？**　その理由がどうしても分かりません。障害物も敵もないゲームは退屈ですが、とはいえ、あまりに熾烈すぎませんか？

ノジェス　その理由は気になりますよね。なぜ罠が必要だったのか。これも非常に重要なポイントです。でも、その謎解きをする前に、まだ語っていない「もうひとつの文化DNA」についてみてみましょう。

質問者　そうでした！それも楽しみにしていました。2つあるうちの1つしか使ってこなかったから、人間の最高の機能が発揮できていないと言っていましたね。

ノジェス　はい。ではまず、これまでの文化DNAのおさらいをしましょう。これまでの文化DNAは、**狩り型の文化DNA、男性性の文化DNA**でした。

特徴は大きく分けて2つ。ひとつは**ターゲットに集中するという人間特有の共同注意（共同注視）ができること、**もうひとつは**個々人の認識の出発がバラバラであること。**後者の特徴は「誰もが自分の繭のなかで、自分だけの観点1つに固定されている」と理解したらOKです。

質問者　この2つの特徴によって、万人による万人の闘争を繰り広げてきたのでしたね。

ノジェス　ちなみに「男性性の文化DNA」と言うと、「主に男性が使っているのだろう」と勘違いする方がいますが、それは違います。男性も女性もLGBTQ（性的マイノリティ）も、例外なく男性性の文化DNAしか使ってこなかったのです。

質問者　うっかり勘違いしそうでした。「そうは言っても女性は女性だから、女性性を使っていたのでは？」と、思っていたのを見透かされましたね。

ノジェス　やっぱり。繭のなか（脳のなか）は、性別は関係なく「人間共通」です。単語のイメージに騙されないように気をつけてくださいね。では、もうひとつの文化DNAですが、こちらは「料理型の文化DNA」「女性性の文化DNA」と言います。

質問者　また単語のイメージに騙されそうになったので念のために確認です。いわゆるこれまでの「女性性」や「女性らしさ」という概念も男性性の文化ＤＮＡに属するということですよね。ですからここでいう「女性性の文化ＤＮＡ」とこれまでの「女性性」とでは、単語の意味合いが違うという理解で合っていますか？

ノジェス　その通りです。これまでの「女性性」や「女性らしさ」も国や地域、時代などで異なるため一概には定義できませんが、例えば現代の日本で言えば、愛嬌がある、綺麗な言葉使いができる、しなやかな仕草、などが女性らしさの代表例として挙げられるでしょう。そしてこれらは、男性性社会のなかにおいての「女性はこうあるべき」という女性らしさです。

質問者　なるほど。ちなみにフェミニズムとも違いますよね？

ノジェス　フェミニズムは女性解放思想や、その思想に基づいた社会運動のことですが、これは狩り型の文化ＤＮＡにおいて、「男女」で強烈に線引きをした結果として起こっています。ですから繭のなかで解決しようとどれだけ闘っても終わりがありません。

わたしは「お母さんをいじめ続けた８００万年」と言いましたが、男性性社会の闘争の人間ゲームは、ゲームの性質上、女性が弱者になりやすく、なかでも「お母さん」はその傾向が強かったための表現で、当然これも繭のなかだけでは解決しません。

質問者　なるほど。しっかり言葉の意味合いを確認しておいてよかったです。けどやっぱり同じ単語だと紛らわしくて混同しそうです。

ノジェス　では、わたしがいう女性性を「真の女性性」と呼ぶことにしましょう。では改めて、料理型の文化ＤＮＡ、真の女性性の文化ＤＮＡという名称から、どんな特徴があると想像しますか？

質問者　狩猟採集時代に想いを馳せてみると、男性が狩りでしとめた獲物を料理する女性というイメージでしょうか。ところで料理って、めちゃくちゃ自由度が高くてクリエイティブな行為だと思うんです。お肉や野菜、キノコ、卵など、全く個性が違う食材が出会って奏でるハーモニーとでもいうか。「この食材をどう化けさせようか」なんて考えるのも楽しいです。

ノジェス　ステキですね。あなたがイメージしたように、**違いを溶かして融合し再創造をする**のが料理型の文化ＤＮＡの特徴です。狩り型の文化ＤＮＡとは対照的ですよね。別名は、「真の女性性の文化ＤＮＡ」ですが、名前の理由は、主に女性が料理を担ってきたからというだけではありません。

質問者　料理以外となると何だろう？　ぜんぜん想像できません。

ノジェス　著名人でも、偉人でも、出発は誰もが「お母さんの子宮」です。この「子宮」は真の女性性のシンボルです。これは、「妊娠や出産は女性の特権」という意味ではなく、注目すべきは子宮の機能です。子宮は料理とは違う次元で、「違いを融合して再創造」をしています。

質問者　胎児を育む場所という意味で子宮は重要だと思っていましたが、どうやらそれだけではないのですね。

ノジェス　この子宮が驚くべきミラクルを起こしていることに気づいていますか？

「精子と卵子が出会って赤ちゃんが誕生する」というのは、疑う余地がないことのように思うでしょう。でもこれは正確に言うと違います。カップとペンがただ出会っても、まったく新しい何かが誕生することはありませんよね。異質なもの同士がただ出会うだけでは新しいものは生まれないように、精子と卵子も「ただ出会う」だけではダメなのです。

質問者　えー。どういうこと？　いったい何が起きているのですか？

ノジェス　心感覚で観れば、目の前に広がるのはミラクルワールドです。ですが身体の感覚で見ればミラクルどころか何の感動もないマンネリが広がります。身体の目では、今ここで繰り広げられているミラクルをこれっぽっちも見ることができません。

質問者　目が曇っているんですね。五感に騙されて目で見続けたら大損ですね。

ノジェス　そうですよ。例えば、身体の感覚のモノサシは、１０００キロメートル単位の粗い目盛りで、心感覚のモノサシは、ナノより小さいピコメートル単位の細かい目盛りだとしましょう。身体の目では１０００キロメートル以下は測定不可能なため、何も見えていないも同然ですが、心の目では１００キロも１センチも１ミリも１ナノも１ピコメートルも測れます。

質問者　身体の目はとても大雑把なのですね。まるでザルのよう……。

ノジェス　実際は、この例えよりもっと格差があると思ってください。

話を戻すと、実は精子と卵子は、精子でも卵子でもない「境界線がない心そのもの」まで瞬時に溶けて、そこから再創造をしています。境界線がない心そのものから受精卵が誕生し、お母さんの胎内で１３８億年のすべての歴史をたどって赤ちゃんが生まれるのです。精子も卵子も溶けあうということは、つまり、「我（自分）」が完璧に消えてしまうということです。この精密で繊細なミラクルの出会いは身体の目では捉えることができません。

質問者　何だか感動的ですね。違いを完全に溶かして融合し、再創造をするのが真の女性性ということか……。

ということは、もしや「心感覚、オールゼロ化感覚」と「真の女性性」はイコールということですか?

ノジェス その通り。真の女性性と心感覚、オールゼロ化感覚はイコールです。男性性が突撃する爆発力、発散力なら、真の女性性は真逆。すべてを引っ張って溶かしきる収斂の力です。複雑でバラバラなカオスを収斂し、境界線をほどいてオールゼロ化した、ひとつだけがある世界がベースです。

質問者 とてもシンプルですね。真の女性性のイメージをしてみると穏やかな気持ちになります。何でも包み込む安心の海のような感じがします。

ノジェス はい、この究極のシンプル性との出会いによって、繭のなかの究極の複雑を制することができます。そこはサナギが繭のなかから外に羽化して、何ひとつ制限がない大自由を謳歌できる境地です。敵がなく、味方しかいない。それが繭のなかから目覚めて自由になった真実の世界。真の女性性そのものです。

心感覚とは～Simple・Speed・Scale革命～

質問者　心感覚、オールゼロ化感覚は心地がいいですね。時間も空間もすべての存在も、エネルギーすらもオールゼロ化された究極のシンプルな状態。ずっとそこに浸っていたいような気分です。

ノジェス　言葉レベルの理解でも多少のスッキリ感はありますよね。さらに思惟が深まり、イメージの大転換が起きたら、「今の感動は何だったの？」と思えるほど驚きの世界が待っています。何よりも「揺るがない自己アイデンティティ」になりますよ。

質問者　今の感動を超える凄い世界が待っているなら、確認しないのはもったいないですね。ようやく一歩を踏み出したので、大冒険をするような感覚でいきますよ。

ノジェス　スティーブ・ジョブズも言っていましたね。「ハングリーであれ、愚か者であれ（Stay hungry, stay foolish.）」と。いい意味で「バカ」になりましょう。どんなことでも初めての取り組みはバカにされますが、今の常識は未来の非常識。いちばん大きな常識をひっくり返した人たちが未来を握ります。

質問者　ところで、「心感覚」と言っているときの「心」は、どんな意味合いですか？オールゼロ化感覚と真の女性性はイメージがつながりましたが、「心感覚」がイマイチ分かりません。普段、使っている「心」とは違うと思いますが、どう違うのですか？

ノジェス　心理学者の方に「心とは何ですか？」と質問したらどのように答えるでしょうね。実は、心理学者の誰もが納得するような心の定義は未だにないそうです。

つまり現状としては、曖昧になんとなく「だいたいこうだよね」というように用いているわけです。一般的な心の定義としては、人間の感情・意志・理性などの精神活動を司ると考えられているものや、思考、配慮、感受性などを指すもの、または、顕在意識、潜在意識、無意識、脳など、さまざまな表現があります。

質問者　心についての整理がそこまで曖昧とは知りませんでした。

心理学には興味がありますが、学ぶとなれば心が何かを分からない人から心を教わることになってしまうということですね。

ノジェス　既存の学問では仕方ありません。繭のなか（脳のなか）を基準にスタートしている学問は99・9999999……%にとどまるしかなく、100%には到達できないのです。

質問者　繭のなかと繭の外は薄皮一枚のようで、分厚すぎるくらい分厚い壁なのですね。それでノジェスさんは「心」をどのように定義しているのですか？

ノジェス　心とは、すべての源泉であり「動きそのもの」です。

質問者　動きそのもの？

ノジェス　今まで誰も定義したことがありませんから、わからなくて当然です。順に説明していくので、安心してくださいね。

心の動きについて話す前に、まずは「存在」についてもう一歩、理解を進めましょう。何らかのイメージが伴うものはニセモノ、夢だと言いました。ということは、「存在」はすべてニセモノです。

質問者　はい。脳の作用による虚構だと理解しました。

ノジェス　「イメージができる」ということは、「範囲や限界があり、固定している」とも言えますよね。反対に範囲も限界もなく、とどまってもいなければイメージはできません。

これまでは、「存在があって」「その存在が動く」というように、「存在（S）が動く（V）」という見方をしていたでしょう。でもこれは脳のトリック。実際は真逆です。

質問者　「存在が動く」のがトリックだということは、例えば、電車が走る、わたしが触る、星が回るなどは、すべてが間違いということになりますよね……。そうなると、存在をどう理解すればいいのか。もう少しくわしく教えてください。

ノジェス　例えばこのカップが「存在している」と言うなら、10000年前にも「存在している」し、10000年後も「存在している」べきです。でもそれはあり得ないでしょう。

質問者　確かに、カップが遥か昔からこの先の未来までずっと、存在し続けることはあり得ませんね。わたしも100年先には確実にこの世から去っているでしょうし、地球も太陽も寿命があるから、いずれ消滅しますよね。

ノジェス　このように、固定した存在は実はひとつもなく、あるのは変化しかない。そうなのに、脳に騙されて「固定した存在がある」と人間は思い込んできました。少し考えれば分かりそうですが、人間は脳による存在中毒に強烈に毒されているので、気づくのは簡単ではありません。

質問者　となると、存在をどうとらえたらいいのでしょう？　なぜ「ある」ように見えてしまうのか不思議です。

ノジェス　これまでは、「存在があって」「その存在が動く」と認識していましたが、その逆で、〝**動きによって**〟「存在が存在するように脳が錯覚して見ている」のです。存在がまるで「存在する」かのように見せていたのは、「脳では認識できない裏の動き」だったのです。

質問者　裏の動き？　それが「心の動き」ですか？

ノジェス　心の動きはゲームで言えば陣頭指揮をとるリーダーです。その前に、心の配下である「エネルギーの動き」がいます。パソコンの電源を入れたら、内部でアルゴリズムどおりに機械的な動きをして画面が立ち上がるという話、覚えていますか？

質問者　たしか、原因と結果が1：1で機械的な条件反射をするという話をしていたかと……。

ノジェス　そうそう。ではパソコンの例えを、存在の成り立ちに当てはめてみましょう。

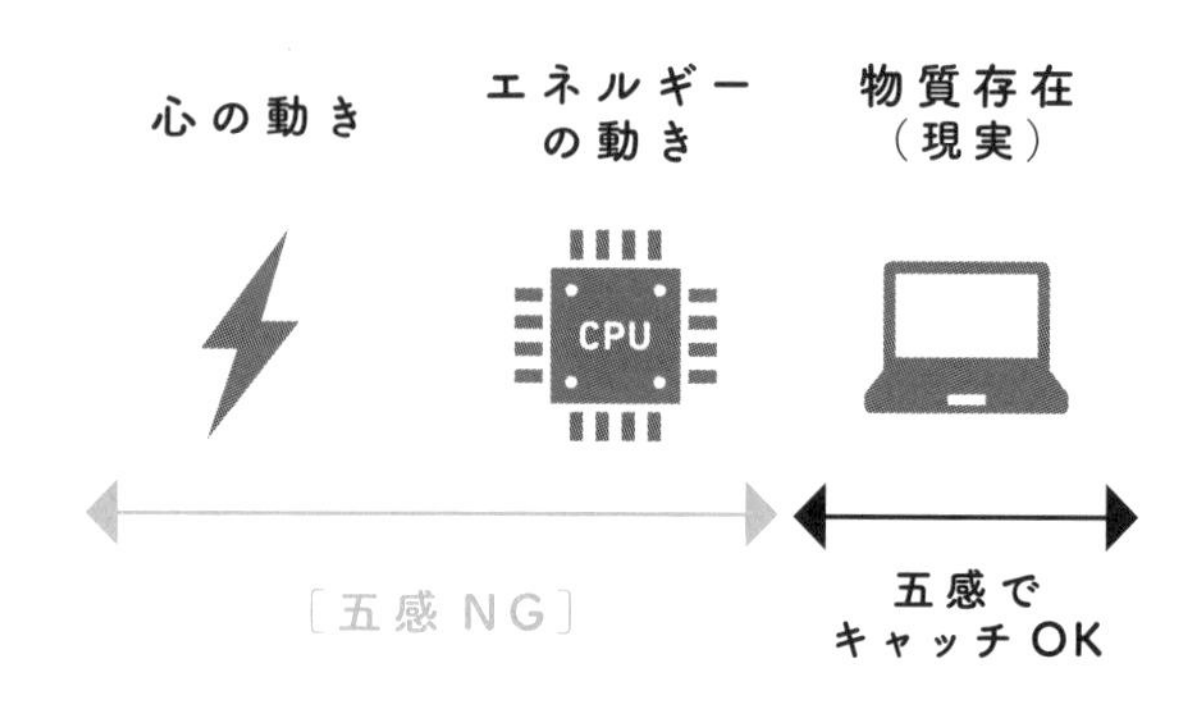

パソコン画面を表示するにはパソコン内のプログラム（アルゴリズム）の作動と、それを可能にする電源が必要。同様に物質存在（現実）を成り立たせるには、エネルギーの動きと心の動きが必要。

①物質存在（現実）：パソコンの画面
［アナログの動き］

②エネルギーの動き：
パソコン内のアルゴリズム、プログラム
［デジタルの動き］

③心の動き：電源、エネルギー源
［源泉動き］

と、整理できます。3つのなかで身体の目で認識できるのは、①の「存在」だけです。

質問者　わたしたちが認識できるのは「存在」だけ。その裏にはエネルギーの動きと心の動きが潜んでいたのですね。全く気づきませんでした。ところでアナログの動き、デジタルの動き、源泉動きとありますが、あの意味は何ですか？

ノジェス　それぞれの動きの特徴を表しています。時計にもアナログとデジタルがありますよね。アナログ時計は長針と短針が途切れることなくクルクルと連続して回ります。一方デジタル時計は、数字が変わるときに表示されていた数字がいったん消えてから次の数字が表示されます。つまりデジタル時計は数字があったり無かったりする不連続の動きをしているのです。アナログは連続、デジタルは不連続だと理解すればＯＫです。

細かい説明は省きますが、アナログの動きは「時間がある動き」です。普段、わたしたちが過去から現在、未来へと時間が連続して「ある」と思うのと同じで、日常の時間感覚です。それを成り立たせているのが、デジタルのエネルギーの動きです。これはあったり無かったりするのに時間がかからない動きなので、「同時」です。重畳（ちょうじょう）とも言います。

質問者　同時というイメージは難しいですね。

ノジェス　粒子と波動の二重性を知っていますか。量子力学では粒子のような性質と波のような性質を併せ持つことをこのように言います。脳は「粒子なの？　波動なの？　どちらかに決めてよ」と決定論を迫りますが、エネルギーは「波動も粒子も同時」が可能です。

ちなみに物理学者のレオナルド・サスキンドは、「この現実世界にあるモノ・コトのすべては、どこか遠くにある二次元平面に書き込まれたデータの投影にすぎないのではないか」と言い、この世はアナログではなくデジタルでできていると見なしています。これを「ホログラフィック宇宙論」と言います。

質問者　物理学でもそんなふうに言っているのですね。

ところで、エネルギーの動きは時間がかからないということは、尋常ではないスピードということですか？

ノジェス　それはもう、脳のスピードからみたら比較にならない強烈なスピードです。2019年の話になりますが、「0」と「1」両方の状態を表すことができる量子コンピュータが、世界最速のスーパーコンピュータでも1万年かかる問題を200秒で解くことに成功したと話題になりました。でもエネルギーのなかでは、量子場エネルギーのスピードは最も遅く、最速は真空エネルギーで1秒間におよそ10の500乗回も「あったり」「無かったり」という動きをします。イメージできますか？

質問者　いやー、ギブアップです。エネルギーの動きのスピードには恐れ入りました。でも、パソコンの画面を起動するときにパソコンがせっせと動いてくれていることと、わたしが見ているこの世界とを重ね合わせてみたら、「この一瞬をつくりだすために、目には見えないところでそんなに動いてくれているのか。ありがとう」という気持ちになりますね。わたしが見ているこの世界をつくるのに、どれほど激しいエネルギーの動きの応援があったのか……って。

ノジェス　パソコンの例えでそこまでイメージできるなんて、なかなかのイメージ力ですね。固定した存在は「無い」のに「ある」と思わせるための裏の動き。これがどれだけ凄い動きなのかを少しつかめたようですね。

質問者　「わたしという存在がいて、そのわたしが自分の力だけで存在を見ている」と思っていたけど、それは「一人で生きていけるもん」と粋がっている子供みたいなものだったのですね。そんなつもりはなかったけれど、知らないうちにとても傲慢になっていたようです。「身体の自分」だけで出来ることはひとつもなくて、すべては裏のエネルギーや心の応援があってこそなんですね。

ノジェス　もうひとつ、イメージの補足にこんな例えをしましょう。わたしが紙に文字を書いたら、紙の上の文字は動きます。これは「文字が勝手に動いた」のではなく、ペンが動いたから文字が動きました。ペンも同様に、「ペンが勝手に動いた」のではなく、わたしの手が動いたからペンが動きました。このように文字もペンも自ら動く独立したエンジンはありません。では同様に、「目で見た」と思うことはどうでしょう。普段は「目で見ている」ことを疑いませんが、実は目にも「独立したエンジン」はありません。心臓や血管、血液が休むことなく動いてくれるから、目で見ることができますし、その肉体の生命維持は、植物が光合成をして酸素を生産してくれているから可能ですし、植物の動きは、地球が自転公転をし、太陽が絶えず光を送ってくれるから可能です。その太陽系の惑星が動けるのは、銀河系が動いているから……と、どんどん元をたどっていくと、ダークマターの動きがあるから、ダークエネルギーの動きがあるから、真空エネルギーの動きがあるから、そして、これらすべての動きを成り立たせている「心の動き」、源泉動きが動いているから、となります。

質問者　とてつもなく壮大ですね。でも分かりました。源泉動きである「心の動き」がないと、何ひとつ成り立たない。つまり、目で見ることは不可能だということですね。

ノジェス　目で見ることも、足で歩くことも、存在が動くのもニセモノ。主語（S）と述語（V）で表す言語もニセモノ。真実に実在するのは心の動きである源泉動きひとつだけ。これが心の正体です。

質問者　「心」のイメージが一変しました。スケールが桁外れ過ぎて、なかなかイメージが追い付きませんけど。
ところでエネルギーの動きを成り立たせている動きが「心の動き」だったら、心はエネルギーのスピードを超えるスピードということで良いですか？

ノジェス　大切なことを聞いてくれました。まさにそうです。時間がかからないエネルギーの動きよりも、さらに速いのが心。速いという言葉で表せないくらいのウルトラスピードです。エネルギーの動きは時間がかからない動きなので、本来は数値化できませんが、イメージを補うために数字で表現するなら、エネルギーの動きが毎秒10の５００乗回、心の動きは毎秒10の５０００乗回くらいです。ちなみに10の64乗は「不可思議」という数の単位で、文字通り「思ったり考えたりできないほど大きな数字」という意味です。ですから、人間の脳でイメージできるのはここまでと捉えたらいいでしょう。また「無量大数」という数の単位は10の68乗で、日本における数の単位はここまでとされています。

質問者　心の動きは毎秒10の５０００乗回ですか……。かなりぶっ飛んでいますね。完全にお手上げです。

ノジェス　人間の脳が生み出したどんな概念も遥かに超えているのが心の動きです。脳でイメージできるものは、塵ひとつにもならないくらいちっぽけですから、心の動きを脳でイメージしようとするのはナンセンスです。**脳ではイメージも、認識も、感じることもできません**。ひとつしかないからこれ以上シンプルなものはありません。また、これ以上速いものもないし、果てがないからスケール（大きさ）も想像を絶するものです。心の動きが分かれば、Simple・Speed・Scale革命が起きます。

質問者 心を侮っていました。想像のはるか上をいっちゃっていました。

ノジェス 驚くのはまだ早いです。さっきも言いましたがこれは序の口です。ぜひもっと詳細に心の秘密と出会ってみてください。今のびっくりより少なくとも1万倍はびっくりします。

質問者 そんなに⁉ 今でも十分びっくりですが、まだまだ驚くことがたくさんあるのですね。

ノジェス ではここからは、アナログの動き、デジタルの動き、心の動きを別の角度から整理することを通して、「心感覚」とは何かをさらに深めていきましょう。

デジタルの動きは「エネルギーの動き」でした。このエネルギーの動きを詳細にみれば、6ステップでワンサイクルになります。

このデジタルの動きによって、アナログの動きが可能になり、存在化（物質化）していることになります。アインシュタイン博士の有名な数式、E＝mc2は、静止した物体のエネルギー量（energy）は、質量m（mass）に光速c（universal constant）を2乗した数を掛けたものに等しいことを表しています。つまりこの式は、相対世界のなかのエネルギーと物質の関係性を語っているのです。もうひとつの有名な重力方程式も「時空の曲率＝物質量の分布」を語っていますが、これも「エネルギー（時空間）＝物質（存在）」を表しています。

質問者　どちらも、「エネルギーの動きによって物質化している」と言っているのですか。方程式と聞いただけで苦手意識が働いていましたが、方程式にイメージが伴うだけで、途端にシンプルに感じるものですね。

ノジェス　デジタルの動きとアナログの動きによるエネルギーと物質の因果関係のことを、わたしは「**秩序感覚**」と呼んでいます。これは繭のなかのことですから、繭の外に出たら「**非秩序感覚**」になります。

質問者　繭の外は、脳ではイメージも認識も感じることもできない心の動きだけ。だから秩序が成り立たないということですね。

ノジェス そうです。順序や因果がなければ秩序になりません。だから心の動きだけの「ひとつだけの世界」は、無秩序であり非秩序で、何の関係性も成り立ちません。

質問者 何の関係性も成り立たないと聞くと、途端に寂しく感じてしまいます。

ノジェス いいところに気づきましたね。その感覚は、これからの話につながるので覚えておいてください。では次に、「超秩序感覚」についても触れておきましょう。

質問者 それはどんな感覚なのですか？

ノジェス 繭のなかと外を自由に行き来できる感覚です。非秩序（繭の外）と秩序（繭のなか）を融合した感覚ですね。繭のなかは、1つの観点に固定された人が無限にいるため、観点の摩擦や衝突や争いが絶えません。そこから繭の外に出れば、観点がひとつもない観点ゼロの状態になります。でも観点がゼロのままでは、現実を楽しめません。ですから観点をいつでもゼロ化できるようになった状態で、あらゆる観点の違いを楽しめたり、ひとつの観点に集中して主義主張もできたりと、観点0、観点∞、観点1を自由自在に楽しめる感覚になること。これが超秩序感覚であり、心感覚です。

質問者 繭のなかにも繭の外にも、どちらにもとどまらない自由な感覚なのですね。見ても見ていない、聞いても聞いていない、存在しても存在していない、喋っても喋っていない、生きても生きていない、という新感覚が「心感覚」だと仰っていましたが、「繭の外にとどまったら心感覚じゃない」ということですよね。

ノジェス そうです。繭の外に出ることがゴールで、その境地を「心感覚」だと勘違いしがちです。でも、そこに留まってはマズイ理由があるのです。次はその話をしましょう。

なぜ地獄が必要だったのか

ノジェス お釈迦様は北インドの王国の王子として生まれ、不自由のない生活を送っていながらも、妻も何もかも捨てて出家したと言われています。あなたはこの選択をどう思いますか？

質問者 正直なところ理解に苦しみます。何らかの理由があったにせよ、相当な覚悟と勇気が必要ですよね。わたしなら絶対に手放したくないですが、釈迦には王子の身分を放棄してまで出家するほどの理由があったということですよね。

ノジェス 実はあなたが知りたいことのヒントがここに隠されています。「罠がなぜ必要だったのか、なぜこんな苦しいゲーム設定にしたのか」という話です。

質問者　そことつながるのですか。そうなると……、繭の外の「本物の自分」と「釈迦」の両者の共通点は、互いにいばらの道を選択して歩んだということでしょうか。「本物の自分」は、大自由のはずなのに、あえて罠をつくって、その罠のゲームに自ら入って苦しんでいますし、「釈迦」は王子の身分を謳歌できるはずなのに、あえてその身分を捨てて、出家して苦行しています。

ノジェス　釈迦は、いばらの道よりも耐え難い屈辱を感じたのです。「ああ、何も知らないのだ」と。なぜ生きるのかも、なぜ死ぬのかも分からないまま、「ただ生きる」ことは釈迦にとって拷問でしかない。瞬きひとつ、呼吸ひとつすら説明できないなんて耐え難い。過去、現在、未来を、説明も統制もできないだけでなく、自分自身が生み出した自分の考えや感情すら、説明も統制もできない。もっとも耐え難いのは、「自分が何者なのかが分からない」こと。だから「答えを知りたい」と、あえて宮殿を出て出家の道を選んだのです。

質問者　すごい……。でも、そう言われると、わたしもその答えはずっと知りたかったことでした。でも「知るのは無理だろう」とほとんど諦めていたように思います。

ノジェス　スティーブ・ジョブズも、「私は持っているテクノロジーをすべて引き替えにしても、ソクラテスとの午後のひとときを選ぶね」と言っていますね。ソクラテスは「無知の知」を説き、「汝自身を知れ」を座右の銘にしていた古代の哲学者ですが、目先の問題ではなく根本的な問題、本質的な問題に目を向けていたのです。

質問者　釈迦もソクラテスもジョブズも、無知の問題や、自分が何者なのか分からないことが耐え難い地獄だと思っていたのですね。目先の問題や富や権力とは比べられないほど、「無知を克服して自分が何者なのかを明白に分かることが最重要かつ最優先課題だ」と。

ノジェス　一方、「本物の自分」はなぜ罠をつくったのでしょう？

真実に実在するのは「源泉動き」だけでした。つまり源泉動きそのものが「本物の自分」の正体です。「源泉動き＝心の動き＝自分」になれば、すべてが満たされます。罠の構造が分かって、「繭のなかは虚構だった、身体の自分はアバターだった」と、すべての虚構が音を立てて崩れ去ったとき、たったひとつ残るのが源泉動きです。正しく絶望してこそ初めて出会える繭の外。それは「心の自分が誕生した瞬間」です。

質問者　それはつまり、「真の女性性の文化ＤＮＡのスイッチが入った瞬間」ということでしょうか？

ノジェス　そうです。ようやく人間が本当の人間になる道がひらける瞬間です。

質問者　ワクワクします。人生に後悔してばかりで、「生まれ変わったら違う人生を……」と何度も考えましたが、**本当はいつでもオールゼロ化して生まれ変わる「新しいわたし」**なんですね。しかも想像を絶する凄すぎる心そのものがわたしだったなんて感無量です。

ノジェス　生きているけど生きていないという心感覚の境地。この心そのもので生きることを「**生きたまま死ぬ**」とわたしは表現しています。生命科学者の柳澤桂子さんは、般若心経を現代語訳した著書に『生きて死ぬ智慧（ちえ）』というタイトルをつけています。また、葉隠には、「武士道と云ふは死ぬ事と見つけたり」という言葉があります。

質問者　「死」にはネガティブなイメージがありますけど、心感覚で「生きたまま死ぬ」となると、死に対するイメージが違ってきますね。

ノジェス　繭のなかの死、肉体の死は「中途半端な死」です。ですから次に生まれたときも、また繭のなかになってしまいます。中途半端な死は中途半端な生き方になりますが、完全に死ねば完全に生きることができます。「完全死＝オールゼロ化」は人間にしかできません。罠や限界は実在しない。ただ限界突破だけが実在することを明確に認識できることが完全死です。

質問者　限界はなくて、ただ限界突破だけが実在する？

ノジェス 繭のなかという虚構はそもそも無い。だから罠なんか無かったのです。それが分かったら、繭のなかと外を往来する限界突破だけがある。それが完全死です。

質問者 はー、カッコいいですね。となると、ますます分かりません。心そのものの自分は常に最高潮な状態なのに、どうしてわざわざ不自由で限界だらけの虚構の世界に行きたいのでしょうか? そんな地獄に行くよりも、天国を謳歌すればいいのに。何の制限も、足りないものもひとつもないし、最強の立場なのに……。あれ? これはもしや、釈迦の王子状態と同じですか?

ノジェス そうです。すべて満ち足りている。だけど「何か」が欠けている。王子だった釈迦のように、無限の可能性そのものの心は完全無欠だけど、それそのものになったときに分かる「究極の絶望」があるのです。

質問者 心の自分そのもの、源泉動きそのものになったら分かる究極の絶望ですか?うーん、難しい……。あ、でもさっき、「源泉動きは何の関係性も成り立たない」と聞いて寂しく感じたことにつながるのかも……。

ノジェス イメージしてみてください。源泉動きは、いったいどんな状態でしょうか? 境界線がひとつもないから、「ここまで」が一切ない。

何ひとつイメージができない。認識ができない。感じることができない。
無限のスピードだから無限の変化をしているのに何ひとつ変化がない。
「自」と「他」に分けられないから、何かと出会うことも比較することもできない。
そもそも存在すらできないし、表現もできない。
主語（S）も述語（V）も当然ない。

いったい、自分がどういう状態なのかが分からない。

この状態がいつまでも続く、永遠不変の絶対孤独です。

質問者　行き場がない苦しさが襲ってきます。ものすごく自由のようでいて最も不自由な感覚とでも言いますか……。

ノジェス　そうでしょう。仏教用語を用いれば、**無間地獄**（むげんじごく）です。仏教の地獄の世界観でも最も恐ろしい地獄であり、繭のなかの観点地獄の上をいく地獄です。

質問者　なんと。繭のなかの罠の構造が分かって正しく絶望したのに、いざ繭の外に出てみたら繭のなかの絶望の上をいく地獄だったとは……。

ノジェス　だからこの境地はゴールではないし、ゴールにしてはダメです。ここはあくまで通過点。繭のなかから外へ出て、「自由だ！」と、喜びに浸って自由を叫んでみても孤独です。

何よりも「自分がどんな状態なのかが分からない」という究極の絶望から逃れられません。

質問者　もしかして……、ここにきてようやく、「**正しく絶望した**」と言えるのですか？

ノジェス　そうです。正しい絶望は「繭のなかの絶望」と「繭の外の絶望」の2ステップがあります。この2ステップ目の「正しい絶望」を突破するために、源泉動きが知恵を絞って出した答えが「人間ゲームをつくろう」だったのです。

質問者　だとしても、人間ゲームをもっと楽しく設計してもよかったでしょうに。そこはどうなのですか？

ノジェス　さっきあなたも「天国を謳歌すればいいのに」と言ったでしょう。現実がパラダイスだったら「このままでいいや」と、深く考えずに過ごすと思いませんか？

質問者　それのどこがいけないのですか。みんなで楽しく、お気楽に過ごすのではいけませんか？

ノジェス　急ぎの用事を子供に頼んだのに、通りすがりに出会った友達に誘われ、時間を忘れてゲームに没頭していたと知ったらどう思いますか？

質問者　それは困ります。

ノジェス　それと同じですよ。人間ゲームが楽しすぎたら本末転倒なのです。

人間ゲームをつくった目的から考えてみましょう。無間地獄は、出会いもないし何のショックもない。だから出会いもショックもほしい。なかでもいちばんの苦しみは、「自分がどういう状態なのかが分からない」ことです。この問題を解決するには、「何でこんなに苦しいんだ」「そもそも何で生まれたんだ」「わたしっていったい何者なの」「人間とは何なのか」と、ゲームのなかの人間たちが真剣に悩まなければなりません。

質問者　なるほど。問題にぶち当たらないことが「問題」なのですね。

ノジェス　そうです。問題意識を持たないと困る。だからこのような罠の構造をつくって、**人間が必ず「自己否定」をするように仕組んだ**のです。

質問者　ということは、「自己否定」はいけないものではなくて、自己否定するのは当然だということですか？というより、自己否定をしなければならないということですか？

ノジェス　自己否定をして落ち込んで自殺する犬やネコはいませんよね。人間だけが唯一、自己否定ができるように初期設定されているので、これは誰も避けて通れません。

人間の赤ちゃんは、他の動物に比べて脳が未熟で生まれてきますが、なぜ未熟で生まれるのかの理由にもつながります。

質問者　不思議だったんですよね。多くの動物は生まれて間もなく自立して歩き始めるのに、人間は一年ほどかかるし、幼年期もとりわけ長いのはなぜなのかと。でも、未熟で生まれることと、自己否定することとは、どう関係するのでしょう？

ノジェス　生まれたばかりのときは誰もが最年少。ですから周囲と比べれば、いつも自分が弱者であり負け組です。お腹が空いても、おむつが気持ち悪くても、眠たくても、ひたすら泣いて訴えるしか手段がない。だから伝えたいことが伝わらないし、行きたいところへ移動することもできない。こうして日々、コンプレックスを蓄積したり、自分にとってのショックな出来事を経験したりすることで、「どうせわたしなんて○○だからダメな人間なんだ」と12歳までに自分自身を決めつけてしまいます。

質問者　心身ともに未熟なときに自己価値を決めてしまうのですね。

ノジェス　そうです。**どんなに愛され、大切にされても、必ず自己否定のスイッチを入れてしまうのが人間**です。

質問者　自己否定が辛いからか「自己否定している自分」を封印してしまう人も結構いますが、これだと繭のなかからの脱出ゲームには逆効果ということになりますよね。自己否定を無きものにしてしまえば、中途半端な希望と中途半端な絶望の往復だけになるでしょうから。

ノジェス　自己否定は誰もがすることで、恥ずかしいことではありません。むしろ認めて向き合うことが繭の外へ脱出する早道です。ですからまずは、「身体がある状態の自己否定」を素直に認めることです。

質問者　え？　「まずは……」と言っているのは、その先があるということですか？

ノジェス　はい。自己否定というと一般的には「身体の自分」にまつわることを指し、「身体の自分に対する思い込み」が主な自己否定でしょう。自分の考えや感情のクセ、性格、容姿、能力、言動のパターンにコンプレックスを抱くなどがその例です。でもその否定ではまだまだです。身体の自分を否定したら、「地球そのものが自分」になるので、地球としての自分も否定します。すると次は「太陽系の自分」になるので、太陽系としての自分も否定します。太陽系の自分も否定して「物質的な宇宙が自分」になり、物質的な宇宙を否定して「エネルギーの自分」になり、エネルギーの自分を否定して……と、**これ以上否定ができないところまで否定したときに、否定ができない「絶対自己肯定感」が生まれます**。

質問者　自己否定のスケールが半端ないですね。ようするに、繭のなかの一部分の「身体の自分」だけを否定するのではなく、繭のなかのすべてを否定してしまうのが、ノジェスさんの言う自己否定の範囲ということですね。

ノジェス そうです。繭のなかのほんのちょっとでも見逃さずに、すべてを否定しきることが重要です。身体の自分、太陽系の自分、エネルギーの自分など「自分」という境界線がなくなるまで自己否定をしたときに、「すべてが夢だった」と分かり、自己否定が不可能な境地になるのです。

質問者 もうひとつ聞いていいですか？「現実は夢だ、ゲームだ」と言いましたが、なぜそう言えるのかも、もっと腑に落としたいです。

ノジェス 源泉動きは自他がなく絶対に分けられません。だけど、何かと「出会う」ためには、自他がなければ出会いが成立しない。だから自他をつくらなければならないのに、分けられないから自他がつくれません。

質問者 それは難題ですね。どう解決できるのでしょう？

ノジェス それでどうしたと思いますか？ なんと「思い込む」という手段を発明して、**自分自身をも騙した**のです。例えるなら、子供を授かっていないのに、嘔吐したりお腹が膨らんだりする「想像妊娠」のようなものです。

質問者 想像妊娠ですか！ それは驚きです。でも確かに想像妊娠は、自分自身も「妊娠した」と騙されてしまいますね。

ノジェス　源泉動きは、人間に「ゲームだ」と悟られないように強烈に思い込み、人間が本気で悩むように仕向けたのです。もし「どうせゲームでしょ」とバレてしまったら意味がないので、ゲームをつくった本来の目的を叶えるために、ゲームをつくった張本人も騙す必要があったのです。

つまり目の前に広がる世界は源泉動きの想像妊娠によるもの。**本当は「宇宙は生まれていない」**のです。繭のなかと繭の外は違うものではなく「イコール」だったのです。

質問者　宇宙は生まれていない……。存在は夢、幻覚だと理解してきても、「そうは言っても、宇宙は生まれているのでは？」と、心の片隅で思っていたように思います。でも目の前に広がる世界は、本当に想像妊娠の思い込みのなかだったのですね。恐れ入りました。とてつもなく壮大なゲーム設計ですね。

ノジェス　わたしたち人類は、これから2つの大きな選択をしなければなりません。ひとつは、存在が不可能な源泉動きから、存在を「夢、幻覚」としてみるのか、もうひとつは、存在が不可能な源泉動きから、「存在が生まれた」と存在＝実在として認めるのか。心の時代は、前者を選択することから始まります。

質問者　「見ても見ていない」という意味がストンと落ちました。何とも奇妙で摩訶不思議な感覚です。存在はひとつも無いのに、こんなにもリアルに「存在している」と思えるなんて……。

ノジェス　正しく絶望をしてＶＲのヘッドセットを外したら、悪夢から目覚めてスッキリします。でもそこが終わりではなく、その状態から「ＶＲのゲームをつくりだせる素晴らしい力」があったことがわかりましたか。

ここまでは、繭の外がなぜ、繭のなかというゲームを必要としたのかまで理解しました。でもまだ満足してはいけません。ここからは、「超秩序感覚」や「新しい生産手段」を身につけて、本当の人生をスタートさせましょう。すべてはシンプルな仕組みで成り立っています。期待してくださいね。

質問者　より現実的な話になっていきそうですね。ワクワクします。

✓ **経験による絶望は、個人的な「中途半端な絶望」**
思惟による絶望は、人間共通の「正しい絶望」

身体＝自分では満たされることはない。「×から○」の個人的な変化をやり続ける。正しい絶望は、罠の中からは脱出不可能なパラドックスが待ち受ける。

✓ **真の女性性＝心感覚、オールゼロ化感覚**
違いを溶かし融合、再創造する料理型文化DNA

繭のなかから外に羽化。時間・空間・存在・エネルギーなど複雑をオールゼロ化。見ても見ていない、聞いても聞いていないという新感覚。自他がない。

✓ **脳のトリック、存在（S）が動く（V）は大間違い**
「動き」によって「存在するように」見えている

固定した存在はひとつもない。あるのは変化だけ。存在は人間勝手な思い込み。存在の裏にはエネルギーの動きと脳ではイメージできない心の動きがある。

✓ **正しい絶望の2ステップ、繭のなかと外の絶望**
繭のなか＝観点地獄、繭の外＝無間地獄

繭の外に出たら「無間地獄」。出会いも存在も何もできない不可能だらけの永遠不変な絶対孤独。究極は「自分がどういう状態かが分からない」こと。

✓ **宇宙は生まれていない、源泉動きの想像妊娠**
非秩序と秩序を融合した超秩序感覚を楽しむ

宇宙の中、現実世界は源泉動きの想像妊娠。繭のなか＝繭の外。繭のなかと外を融合したら、観点0＝∞＝1を自由自在にゲーム感覚で楽しめる。

4章

正しい希望

価値基準の大革命

脳に勝つ心〜こころスッキリが当たり前になる〜 ビヨンド・メタ認知

質問者 今どのくらい「疲れ」を感じているかについてのアンケートをしたところ、9割の方が「非常に疲れている」「やや疲れている」と回答したそうです。なかでも20代の若者の疲れがシニア層よりも上回っているという調査結果には驚きました。電話を強要される「TELハラ」を感じる人も6割を超えると聞きます。

ノジェス 電話に必要性を感じない世代ですからストレスに感じるのは無理もありません。気の合う仲間やSNS上でのコミュニケーションがメインだった学生時代から、社会人になった途端、よりハードな闘争の場に出なければならないことに加え、情報過多で次から次へと学ばなければならない現代なので、若者が抱えるストレスも相当なものでしょう。

質問者 いくら身体が若くても精神的なダメージの大きさには敵わないのですね。

ノジェス 身体の疲れも精神の疲れも、脳が休まらない「脳疲労」から起こります。心が脳に負けてしまうと副交感神経がうまく機能せず、リラックスできません。

質問者　脳が休まらないから心身ともに疲れてしまうということですか。「脳に勝つ心」は現代人の必須アイテムですね。

ノジェス　脳なのか、心なのか。まさに脳と心の対決の時代を迎えています。本当の自分は身体の自分ではなく源泉動きそのもの、心そのもの。心の秘密が分かり、心そのものの自分になり、そこからすべてを観れば、地獄が天国に反転してすべてが満たされます。これが究極の希望、正しい希望の扉です。

質問者　そうか……。繭のなかと繭の外の2つの正しい絶望を通過したから、すでに究極の希望の扉を開けていたのですね。

ノジェス　ボウリングでストライクを取るためのコツはご存じですか？一般的には1番ピンを倒すことだと言われていますが、実は「中央に隠れている5番ピンを倒すこと」が重要です。1番ピンが、「正しい絶望」なら、5番ピンは、人間の脳では理解もイメージも認識も不可能な「源泉動き」。人生のストライクを取るには、正しく絶望して1番ピンを倒し、それによって5番ピンを倒し、そこから一気にすべてのピンをクリアすること。こうして心が脳に勝ったあとは現実をゲームのように楽しむだけ。緊張が一気にほぐれて楽しめます。

質問者　心が脳に勝つためにも、やはり「正しい絶望」からスタートなのですね。ところで、ノジェスさんが言う「心そのものになって観ること」と、「メタ認知」という概念が似ている気がするので質問です。メタ認知は「もうひとりの自分」をおいて、自分が認知していることを客観的に認知することで、自分を冷静に認識、理解して問題解決をしていきますよね。メタ認知でいう「もうひとりの自分」というのは、「心そのものの自分」のことなのかなと思ったのですが、どうなのでしょう？

ノジェス　普段は考えや感情がなぜ、どのように生まれているのかがさっぱり分からないまま、自分の考えや感情に振り回される日常を送りますよね。心が沈んだ時に「楽しいことを考えよう」と気を紛らわせてみても、マイナス感情に引っ張られて考えが止まらないなど、考えや感情のコントロールは簡単ではありません。「自分＝考え・感情」になっているので、例えば「その考えはちょっと……」と、自分の意見ひとつを指摘されただけで、「自分が全否定された」「存在を否定された」と思ってしまいます。

質問者　自分と「考え・感情」を切り離すのは難しいし、相手に対しても、「相手＝相手の考え・感情」のようにみえます。

ノジェス　対してメタ認知は、考えや感情がどんなアルゴリズム、観点から生まれているのかを観察することです。パソコンの例えで言えば、②の「観点が観察できる」状態です。

①考え・感情：パソコンの画面（アナログの動き）

②観点：パソコン内のアルゴリズム、プログラム（デジタルの動き）

③心の動き：電源、エネルギー源（源泉動き）

観点が観察できれば、「その考えはちょっと……」と言われても、自分が否定されたとは思いません。そして、「この観点は見直す必要があるかも」などと、客観的な対応ができます。

質問者　①と②の違いは、かなり大きいですね。

ノジェス　はい、①と②も相当な格差があります。そしてわたしが言う、「心そのものになって観ること」とは、「③」にあたります。③は、②の「**観点**」が、なぜ、どのように生まれるのかという「**仕組み**」がみえます。ですから観点そのものを好きなようにデザインして、自分が感じたい感情を感じ、スッキリと**一貫性を持った考え**ができるようになります。観たい映画や、やりたいゲームのシナリオを好きなだけ書くことができて、それを観たり、遊んだりすることができる、そんなイメージです。

質問者　それは楽しそうですね。それができたら人生が何年あっても足りなくなりそうです。メタ認知は②の「観点がみえること」で、「心そのものになって観ること」の③とは全く違うことは分かりました。メタ認知ができて観点がみえることは凄いけど、その観点を変えられない限り、結局は似たような考えや感情が勝手に湧いてしまうことは避けられない。だからメタ認知ができても繭のなかの堂々巡りは続くというわけですね。

ノジェス　アクションがあればリアクションがあります。いい線まできても結局、引き戻されてしまうのは、罠から逃げられないのと同じです。だから**罠の外からみる**「ビヨンド・メタ認知」が必要になります。存在不可能な源泉動きから、幻としての存在をみることです。

質問者　ビヨンド・メタ認知ですか。ビヨンド（beyond）は「超える」という意味だから、繭のなかを超えて繭の外に出て、すべてを観るということですか。まるで全視眼を持つ神のようですね。

ノジェス　ビヨンド・メタ認知ですべての仕組みが一目で分かるようになれば、メタ認知も簡単にできます。身体も考えも感情も、因果アルゴリズムに沿って動く機械です。「身体の人間＝スマートフォン」だと言えば気分を害するかもしれませんが、そう思って間違いありません。考えや感情が走る道は実にシンプル。わたしのオンラインサロンで「感情手術」を公開していた時期がありましたが、施術を何回かみれば「人間は本当に機械のように反応する」と実感できます。

質問者　興味深いですね。わたしも感情手術を受けてみたいです。考えや感情の主体は「言語エネルギーの因果アルゴリズム」だと言っていましたけど、どうしても「この体のわたし」が考えているし、「この体のわたし」の感情が動いていると思ってしまいます。

ノジェス　普段から、考え、感情、観点、認識主体などを分けて、ノートに書き出す習慣をつけるといいですね。「事実」と「思い込み」を分けるワークでも、上手に分けられない人がほとんどですから、これもおススメです。また、「本当の自分は心の動き」であることが、まるで呼吸するように当たり前になるまで、心感覚のトレーニングを重ねましょう。

質問者　事実と思い込みを分けてノートに書きだすのですか……。確かに、意外と混同していそうですね。さっそくやってみます。「わたし」のクセやパターンがよくみえてきそうで楽しみです。

ノジェス　はい、パターンがよくみえてきますよ。その上で大事なのは、「どんな気づきを得るのか」です。ありがちな罠は「わたしってこんな人間だったんだ」と、「わたし」にフォーカスをしてしまうこと。「わたし」は身体の人間の代表です。その「わたし」のパターンと、罠の構造にはまっている人間の涙がつながることです。つまり、「個々人のパターン＝身体の人間の共通の仕組み」としてみえることが重要です。

質問者　なるほど。つい「わたし」だけに意識が向くので、その罠にはまらないように気をつけます。あと「心感覚のトレーニングを積みましょう」と仰いましたが、これはどのようにしたらいいのでしょう？　何を実践すれば心感覚を得られるのですか？

ノジェス　一言で言えば、**今ここ、0.001秒で完璧に死ぬこと**です。今ここ、瞬時にオールゼロ化して再創造をする。これがビヨンド・メタ認知でもあります。

質問者　「今ここ、いつも新しいわたし」でしたね！　そのための繭のなかと外を自在に行き来する道具が確かイメージ言語だったかと……。ところで、イメージ言語はどう使うのですか？

ノジェス　イメージ言語は「観察、思惟」に使うものです。ポイントは、観察や観測をする前に使うこと。目を開けた途端に五感と脳が働き、０．００１秒の勝負に簡単に負けてしまいます。ですから、五感と脳のスピードに勝つ「今ここ」勝負です。起床時や就寝時にもこの観点、この感覚で仕組みを観るという習慣つくりが大事です。

質問者　なるほど。目を開けてから「目で見ちゃダメ」とやっても時すでに遅しということなのですね。今ここ、完璧に死んで、完璧に生きる心感覚トレーニング。これもやってみます。もうひとつ質問です。「仕組みてみる」と言われましたが、具体的にはどういうことですか？

ノジェス　コンピュータの作動原理をマスターしたプログラマーは、自分が出したい音や色をパソコン画面に出力できます。同じように、源泉動き（心）、エネルギー、物質の関係性の仕組みをマスターすれば、自分がつくりだしたい現実（宇宙）＝認識画面を立ち上げることができます。

意識の作動原理、宇宙の作動原理、コンピュータの作動原理は、実は「**たったひとつのシンプルな仕組み**」です。その仕組みをマスターした人は、宇宙をコンピュータのように自在に操るＰＵ（Personal Universe）感覚の持ち主、宇宙コンピュータ時代のパイオニアです。

分けることができない世界だけが実在していることが分かれば、分け方がどういうものなのか、現実がどのように成り立っているのかが分かるのです。

質問者　すべてがひとつのシンプルな仕組みということは……、それって宇宙のカラクリを解明したということですよね？

ノジェス　繭のなかは、ほぼデジタル化されましたが「繭のなかと外をつなぐカギ」は、まだみつけられていません。このカギの発見は前進中毒をしている限りはムリです。

質問者　でもノジェスさんは、その発見をしてしまった、ということですよね？

ノジェス　生きたまま死んで、時間も空間も存在もエネルギーもすべての虚構が崩れ去ったときに発見したのが、繭のなかと外をつなぐカギである「間」、そして源泉動きである「0＝∞＝1」でした。罠がない状態から罠をつくれたのも、この「間」があったからこそです。時間、空間、存在、エネルギーのすべてがオールゼロ化されて「無い」ことが分かったとき、逆にすべてが「今ここ」にあることが分かり、すべてが「ひとつの事件」として観えました。そのときの感動は言葉では言い表せないほどで、歓喜のあまりに一週間ほど泣き続けました。

質問者　どんな感動だったのか、なぜそこに至ったのか、「間」とは何なのかなど、聞きたいことが山積みです。
気になったのは「ひとつの事件としてみえた」というところです。その「事件」とは何を指しているのでしょう?

ノジェス　「なぜ自分は存在するのだろう?」「生きる意味や目的を知りたい」「なすべきミッションはあるのだろうか?」など、存在目的や生きる意味を知りたい人は大勢います。これらの疑問は、存在しないところから存在が生まれる仕組みがみえたときに、答えが見えてきます。
存在不可能な世界からみたら、存在自体は夢、幻覚で、神秘神聖、奇跡そのものです。あなたは、目の前にあるペンを見て涙するほど感動しますか?身体の目では「存在」を当たり前に見てしまい、「別にどうってことない」とやり過ごすでしょう。でも考えてみてください。「存在がひとつもないところ、存在不可能なところ」からみたときに、小さなチリひとつでも存在していることが、どれほどあり得ないことだと思いますか?

質問者　あっ……。そう言われてみれば確かにそうですね。「存在がひとつもないのが当たり前で存在が不可能」だとしたら、どう見ても存在があるようにしか見えない現実に対して、「何で存在するの?」と驚きでしかないですね……。

ノジェス 人間はあまりにも脳に毒されているから、存在を当たり前のものとして見てしまいます。でも心の動きそのものになれば、存在そのものがミラクルでしかありません。主語（S）も述語（V）もない源泉動きだけがあるところから、初めて「何かが（S）」「動く（V）」ことが生まれたら、それは大事件だと思いませんか？

質問者 それは一大事です。

ノジェス その大事件の「仕組み」がみえてしまったら？

質問者 それは凄すぎます。「無い」のに「ある」ようになった理由が分かったということでしょう？

ノジェス SVがないところから最初のSVが生まれることを**「事件の基本単位」**と言っています。この基本単位が分かれば、あとは同じフラクタルです。無いところ、つまり繭の外から「どのように目の前の現実画面が〝ある〟と錯覚するようになったのか」を、自分の意志を持って能動的にみれば、すべてが美しくてミラクルなアートそのものです。

質問者 自分の意志とは関係なく、目を開けただけで受動的に見るのとは大違いですね。

ノジェス 「奇跡をみる」といったときに、何か特別なことが起こるのが奇跡だと思うでしょう。でも違います。心の目で観れば、「今ここが奇跡そのもの」です。心の目で観るのか、身体の目で見るのか。「目の前に見える世界は同じ」でも、認識ひとつで全く違う世界が広がります。人生を豊かにするもしないも認識ひとつです。

質問者　繭のなかの苦しみも「自分で自分の首を絞めていた」ならば、今ここを豊かにするのも「自分の認識だけ」ということですね。本当の自己責任とは、こういうことなのかと思います。

ノジェス　脳と心の対決に勝って、心の平和は自分が守る。自分の宇宙は自分が責任をとる。心そのもののあなただからできることです。

ひとつが分かればすべてが分かる！完全学問が世界のスタンダードになる

ノジェス　「教育は国家百年の大計である」という言葉はご存じですか。文部科学省のサイトにも載っているこの言葉は、１００年後の日本を支える人材育成は長期的な視野を持って臨むこと、またその成果を実らせるには相当の時間を要するという意味があります。

質問者　国家の要は教育にありということですね。でも今の教育のスピード感は、時代とかけ離れているように思います。

ノジェス　ＡＩが活躍するスピード社会を生き抜くためには、これまでのようなスピード感では間に合いません。時間も質も濃度を高めて短期間で教育に取り組むべきでしょう。ところで、あなたは「教育の本来の目的」は何だと思いますか？

質問者　教育の目的ですか。そう言われると、自分のなかにこれと言った回答が浮かんできません。ただ、これまでのような詰め込み教育は意味がないことだけは、分かっているので、わたしの子供が学校に上がる前に教育の大変革が起きたらいいなと思っています。

文科省では、『第1条（教育の目的）教育は、人格の完成をめざし、平和的な国家及び社会の形成者として、真理と正義を愛し、個人の価値をたつとび、勤労と責任を重んじ、自主的精神に充ちた心身ともに健康な国民の育成を期して行われなければならない。』と、目的を定めているのを以前見たことがあります。

ノジェス　立派な内容ですね。

質問者　でも実際の教育現場とはだいぶ違うように見えます。わたしの学生時代は、人格の完成よりは知識の詰め込みがメインで、質問や疑問を持たずに答えだけを覚える暗記マシーンのようでしたし、とくに高校は大学に入るための準備だけの時間でした。でも何より疑問や違和感を覚えるのは、最先端の教育を受けたエリートたちがつくる社会に対してですね。

ノジェス　どんな疑問や違和感があるのですか?

質問者　弱肉強食の競争社会、超格差社会はもとより、後先考えずに利益を優先して地球を貪り続けている企業や、世界を見れば、未だに核兵器をつくり続けている国もあります。これらを先導する人たちは、とてもじゃないけど「平和的な国家及び社会の形成者」とは思えません。とはいえ、繭のなかは万人による万人の闘争の場。そう思えば、その闘争の勝者がエリート陣なので、今の社会の現状には納得ができます。

ノジェス　どんな教育をするのかで、人はいかようにも変わります。わたしが思う教育の目的は『人間がいかに素晴らしい存在であるのかを教えること。人間が持つ最高の機能を発揮すること』です。これができなければ教育は失敗だと思います。

教育の本質は、**誰もが望む結果を生み出せるようになる能力を育てること**であり、そのためには、心と脳の関係性をマスターできる教育が重要です。

質問者　そんな教育だったら誰もが自尊心や自信感に溢れるでしょうね。

ノジェス　はい。今の教育は残念ながら、人間本来の力を殺いでしまうという悲しい結果を招いています。人間を馬鹿にして、更なる分断を生んでしまう教育の結果が、今の社会です。

質問者　心そのものが自分という人間観からみたときには、確かに人間を馬鹿にしている教育だと思います。「本当はすべて分かっている」という「心そのものが人間である」ことを前提にした教育なのか、「何も分からないのが人間だ」という脳から出発した教育なのか。両者は天地の差がありますね。

ノジェス　世界は今、コロナパンデミックや気候変動、心の不安の蔓延など、世界がひとつになって取り組むべき課題に直面しています。でも「○○ファースト」などと自国の利益や一部分の利益を優先する利己主義は終わらず、なかなか世界がまとまる兆しがみえません。

質問者　コロナ禍になって身にしみて感じます。万人による万人の闘争の場という言葉をリアルに体現しているようでもあり、水面下に潜んでいた問題や課題が一気に暴露されたような感覚です。社会基盤が揺らげば、ひとりひとりの幸せが成り立たないこともコロナ禍を通して実感したので、個人や目先の問題解決だけではダメなことも痛感しています。

ノジェス　いちはやく世界がひとつにまとまるためには、完全学問と世界基軸教育が必要です。

質問者　観察エラー出発の既存の学問は、99．9999999……％の不完全学問だと言っていましたよね。

ノジェス　はい、これまでの学問が詐欺だと言っても過言ではありません。科学に基づいた現代医療では、目にも見えないウイルスひとつさえ解明も統制もできないことが、このコロナ禍で明らかになりました。学問の王者である数学でさえファイナルクエスチョン、ファイナルアンサーを出せていない曖昧な学問です。天才数学者と言われるクルト・ゲーデルは「不完全性定理」で数学の万能性を打ち破り、「知の不完全性」を証明しています。

質問者　これまでの学問が詐欺というのは言い過ぎな気もしますが、繭のなかの知識が不完全だと証明されたということは、本当にそうなのかも……。

ノジェス　ですから繭の外に出て「心」を取り入れなければ数学は完成しません。またドイツの哲学者エトムント・フッサールは、不完全を補う学問の必要性を訴えました。彼はエポケー（判断停止）して、当たり前に存在していると確信していることを疑い、その確信の根拠をつきとめる「現象学的還元」を行えと言いました。

質問者　学問の不完全性に気づいていた数学者や哲学者はいたのですね。

ノジェス　人間はこれまで「知っていることがいいことだ」と情報や知識を積み重ねてきましたが、人間の知の世界は、不完全で有効期限があるにも関わらず、「絶対だ」と互いに知の暴力を振るってきました。ですがこれからは、知っている世界につかまれない「**無知の完全性**」で勝負することです。

科学技術によるＡＩの活躍の場は、アルゴリズムが働く因果の世界のみです。繭のなかで、どんなに膨大なビッグデータを蓄積できても、知っている世界から自由になるオールゼロ化はできないため、ＡＩは、「**忘れる**」「**分からない**」ができません。また、どれほど繭のなかで知能が高度になっても、心そのものからみたら、「**あるのか無いのかも分からない**」

小さな世界での出来事です。繭のなかの因果の世界が「針の穴の大きさ」くらいなら、因果を超えた繭の外、源泉動きは「宇宙空間よりもっと大きい」世界。そもそも源泉動きは外がないので、「ここまで」とは言えませんが、あえて比較するならば、そのくらいの差があるということです。また、繭のなかの「絶対」はすべて相対的です。絶対に正しいと言えることはひとつもないことが分かれば「違い」も「分からない」ことも楽しめます。

質問者　無知が恥ずかしくて、つい知ったかぶりをしてしまうこともありましたが、「分からない」と言えることは人間にしかできないし、そもそもすべてが相対的なら「絶対に正しい」と主張して争うのは不毛ですね。発想の逆転が起きて、気持ちが楽になりました。

ノジェス　最先端の科学技術で脳にチップを埋め込み、脳を操作できたとしても、科学技術では繭の外である「心の領域」には入り込めません。心の開発開拓ができるのは、科学技術の次の技術、認識技術です。認識技術によって心感覚を得られたときに、源泉動きだけがあることが認識でき、今ここ、心を使えるようになるのです。

質問者　心を使えるようにした技術なんて、聞いたことがありません。「**認識技術**」とは、ノジェスさんが発見した「0＝∞＝1」や「間」を活用したコンテンツの名称ですよね？

ノジェス　はい。これまでお話してきた内容全般を含めて認識技術・nTech（Ninshiki Technology）と呼んでいます。

完全学問になるには、まずボウリングの1番ピンである根本問題を明らかにし、5番ピンを用いて根本問題を解決しなければなりません。ですが、既存の宗教、思想、哲学、数学、物理学などの学問は、この2つが明確になっていないという弱点があります。

根本問題の解決には、源泉動き「1」の定義（ディファイン）が不可欠です。何かを定義するには、言語（固有名詞・概念）が必要ですが、その言語を定義するには、また違う言語が必要です。源泉動きそのものはイメージができないため、言語化できず、そもそも源泉動きを定義する言語がないため、源泉動きを現実で使うこともできません。既存の学問はこれらの難題を突破できていないのです。

質問者　となると、ノジェスさんはどのようにして源泉動きの定義に至ったのですか？

ノジェス　人間は、繭のなかで経験した知識だけに依存して判断をしてきました。これを**経験知識**といいます。これが、数学や物理学などの**概念知識**と完全に融合できれば、源泉動き「1」に次元上昇が起き、完全学問として知の大統合（完全知）が可能になります。ただ問題は、経験知識と概念知識の融合は、非常に困難を極めるということです。

質問者　そもそも、経験知識と数学などの概念知識を融合するという発想が浮かばないのではないかと思ってしまいます。

ノジェス　わたしは、経験知識と概念知識を融合させていく過程で、イメージができる最小単位である「間」の発見に至りました。そして錯覚の仕組みをマスターし、脳でイメージできるすべては錯覚の仕組みの結果物、つまり「源泉動きがみている夢、幻」だとわかったことで、脳でイメージできる世界のオールゼロ化に成功したのです。

質問者　脳でイメージができる世界は「夢、幻」だから、それを消し去った時に残るのは源泉動きだけ。それだけが実在しているとわかったということでしょうか。

ノジェス　はい。源泉動きの1つだけなら、関係性を語る言語は必要ありません。このように「**源泉動きを定義する言語がいらない状態にすること**」**によって、源泉動きの定義ができた**のです。

質問者　究極の思惟ですね。「正しい絶望」に出会うこと、そして、源泉動き「1」を定義すること。この2つによって完全学問が可能になったということですね。

ノジェス　繭のなかのこれまでの学問は、脳を使って探求するので、存在が「ある」前提で存在同士の関係性を研究します。また、ものごとの根本を探るときの基本は「分断、分析」

です。宇宙の根源の素材を探すのにも、分子、原子、素粒子、ひもの振動、膜の振動……と細分化していきますが、それぞれのつながりも整理できません。一方、完全学問はすべてが融合された繭の外、源泉動きから出発して、複雑な現象世界の成り立ちを整理します。

質問者　探求のベクトルも真逆ですね。今の学問は、繭のなかでグルグルしながら、答えのないところで答え探しを懸命にやっているように思いました。その学問を学べば、考えが整理されないどころか、ますます思考が複雑になるのは必至ですね。

ノジェス　でも、そもそもノジェスさんも、存在が「ある」という前提から追究されたのですよね？

ノジェス　幼い頃、「光はどこから生まれてどこに消えるの？」という疑問を持ちました。母と夜道を歩いていたときのランタンの光をみて不思議に思い、その頃から「生まれたり・消えたり」「あったり・無かったり」する仕組みが知りたかったのです。宇宙が誕生して138億年というのなら、500億年前には宇宙はありませんし、すべてはあったり・無かったりしている。なのに、「どうしてずっとあるように見えるのか？」という疑問もありました。

質問者　幼い頃からそんな疑問を持ち続けていたのですね。

ノジェス　はい、ですからｎＴｅｃｈでは、

①6ステップのデジタルの動き
②脳の認識のクセ
③脳の残像現象

を道具に宇宙を理解します。

質問者　複雑で分かるはずもないと思っていた宇宙が、何だかシンプルにみえてきますね。

ノジェス　人間がいかに素晴らしい存在であるのかを教え、人間が持つ最高の機能とそのポテンシャルを発揮するためには、人間とは、生きるとは、愛とは、現実とは、宇宙の仕組みとは何かという本質的な問いに答えをださなければなりません。

質問者　よくよく考えたら、「人間が何か」も知らずに人間を活かすことはできないし、知らないまま活かそうとしたら滑稽ですね。例えば、スマートフォンがどんな用途や機能を持つのかも、電源の入れ方すら知らずに、「固い物体だからトンカチとして使おう」というように、人間も人間を知らないままでは残念です。少し考えれば分かるのに、こんな矛盾に満ちたことをずっとやり続けていたなんて、笑えないけど笑ってしまいます。

ノジェス　スマートフォンも人間も宇宙も、取り扱い説明書が必要ですね。源泉動きから、時間・空間・存在・エネルギーが、どのような仕組みで存在するのかという「存在方程式」を、最先端の数学や物理学とも矛盾なく整理し、すべての学問を融合できる完全学問が、わたしが提唱するｎＴｅｃｈであり令和哲学です。

質問者　令和哲学といえば、令和哲学カフェをほぼ毎晩、視聴していますよ。西洋の哲学者たちが何を言ったのかを令和哲学で解釈されていますよね。かなり脳に汗をかきますが、考えが整理されてスッキリしていく感覚もあるので、できるだけ視聴するようにしています。数学や物理学はちょっと抵抗がありますけど、ｎＴｅｃｈでシンプルに理解できるなら、興味を持って取り組めそうです。

ノジェス　社会の多様な課題解決には、数学や物理学の整理も不可欠です。心がスッキリするだけでも生き方に革命的な変化は起きますが、それだけでは現実力がまだまだです。

質問者　確かにそうですね。あと、「世界基軸教育」が必要ということですが、それについても教えてください。完全学問が世界基軸教育になるのだとは思いますけど、あえて「基軸」と表現しているのは、何か意味があるのでしょうか？

ノジェス　世界には基軸通貨があります。もし基軸通貨がなかったらと考えたことはありますか？国ごとに異なる通貨で貿易をしようとしたら問題が発生してしまいます。換金ができない、高額な手数料がかかってしまうなど、取り引きがスムーズに運びません。そこで登場したのが基軸通貨です。単一の通貨という「共通土台の役割」を担うので、国ごとの通貨の違いを気にすることなく協力関係が結べるようになります。

質問者　ということは、基軸教育というのは教育における共通土台という意味ですか？

ノジェス　はい。今は国によって教育が異なり、さらに観点や判断基準にも共通土台がありません。既存の学問や教育の足りないポイントを補って底上げし、すべての違いを活かして疎通させる。そんなグローバルスタンダードになりえる世界基軸教育が必要です。

これはすべての観点、知っている世界をオールゼロ化できるものでなければなりません

ほんの少しでも偏りがあるものは共通土台にはなりえないからです。

質問者　なるほど。そうなると偏りが不可能な完全学問・ｎＴｅｃｈはその条件にピッタリですね。もしも、世界基軸教育という共通土台で世界が結ばれたら、世界がひとつにまとまるのも夢物語じゃなくなりそうです。

ノジェス　はい。それと始めの方で話した「教育にかける時間の問題」も解決します。わたしは、今の学校教育は時間をかけすぎだと思っていて、8歳で宇宙の仕組みをマスターし、

デジタルマインド、デジタル哲学、プログラミング思考、ＰＵ感覚を得て、10歳でＡＩの脳のコーディング、15歳で独立起業をするくらいが丁度いいとみています。

質問者　現状の教育からすると考えられない速度感ですね。今の時代は社会に出てからも、いつまで、どのくらい学び続けなければならないのか見当もつきませんから、もっと効率よく学べたらいいのに……とは思っています。

ノジェス　いくら学んでもすぐに通用しなくなる知識なのに、次々と学ばなければならない。これでは学ぶ気がおきません。でも完全学問は、１回学ぶだけで永遠に使えます。正しい絶望をして繭の外に出てオールゼロ化したときにみえる事件の基本単位。その仕組みからみれば、心とエネルギーと物質、生命、精神のすべての事件をひとつにつないで解釈ができます。ここまでマスターすれば、あとはこれをベースに何でも好奇心を持って出会い、勝手に学びが起きていきます。

質問者　完全学問が世界の基軸教育として広がった未来をイメージすると、ワクワクしますね。一気に人間ゲームのステージが上昇しそうです。

メガトレンドはゲーム産業
メタバースとモルティングバース

質問者　次は、完全学問と経済の関係性をお聞きしたいです。経済に疎いわたしでも、今の日本経済のヤバさは肌で感じています。向かう当てもなく迷走しながら、今にも沈没してしまいそうで、かなりヒヤヒヤしています。

ノジェス　長期沈滞が三十年にもなるうえ、予想しなかったコロナパンデミックに一気にとどめを刺さされた日本経済は瀕死状態と言っていいでしょう。無観客開催の東京オリンピックは赤字の補填に忙しく、頼みの綱だったインバウンド観光もダメ。基幹産業と言われた製造業、自動車業も衰退の一途をたどっている。デジタル社会にも乗り遅れて周回遅れでは済まないほどです。

質問者　日本にいると気づきにくいですが、日本は「デジタル後進国」と言われているそうですね。しかも、「安い国」と言われるくらい物価も賃金も低くて、他国から不動産や企業を買収されているとも聞きます。いくら心がスッキリしても、食べるのもやっとでは困ります。こんな瀕死の日本経済に、どんな手を打とうとしているのですか？

ノジェス あっと驚く未来産業で「世界をリードする日本づくり」に貢献しようと1996年から着々と準備を重ねていますよ。

質問者 ほんとですか？ いくら完全学問でも、今の日本を立て直すのは至難の業のように思ってしまいます。

ノジェス 「**メタバース**（Metaverse）」という言葉は聞いたことがありますか？ メタ（meta）とユニバース（universe）の合成語で、もとはＳＦ作家、ニール・スティーヴンスンによる1992年の小説『スノウ・クラッシュ（Snow Crash）』で登場した概念です。小説のなかでのメタバースは、インターネット上の巨大仮想世界のことですが、今、この概念がとても注目を集めています。メタバースは、間違いなく時代のメガトレンドになりますが、実は弱点があります。その弱点をカバーしてブームにさせる秘策を用意しています。

質問者 メタバースは最近、耳にするようになりましたが詳しくは分かりません。メタは「超越した」「高次の」という意味の接頭語だから、「高次の宇宙」ということですか？ でもなぜ、メタバースが時代のメガトレンドになるのでしょう？

ノジェス 人類史は「出会いの歴史」とも言えます。出会いがひとつもない源泉動きは、出会いができる「夢、幻」をつくり、そのなかで、出会いの量と質を高めてきました。より多くの人やモノと出会うために、徒歩から牛や馬、船、車、飛行機などと移動手段を開発し、また手紙、電話、携帯電話、スマートフォンなど通信手段も開発しました。さらにインターネット空間も開発して、接続技術も高めてきました。初めは屋内でインターネットに接続するだけでしたが、屋外でも接続が可能になり、モバイル端末も進化させ、スマートフォンに至っては、「人間の第2の脳」と言えるほどにまでなりました。

質問者　歴史の針を進めるなかで、出会いのスピードや量、質を驚異的に進化させてきたのですね。

ノジェス　わたしたちは、これでも満足せずに新しいつながり方を求めています。それが「メタバース」です。これまでの物理的な地球だけではなく、「情報の地球」とでも言うべきものをつくり、そこで生活やビジネスをするようになるのです。

コロナパンデミックが起きた時、世界中でオフラインの活動がままならなくなり、オンライン空間へと移動したように、これからは「メタバース」への大移動が起きるでしょう。

質問者　なぜですか？

ノジェス　理由は大きく2つあります。ひとつは日本のみならず、世界経済が立ち行かなくなっているためです。コロナ以前のかつての生活に戻って、経済もいずれ持ち直すだろうと期待する人は多くいます。ですが、そもそもコロナ以前から既存のマーケットは飽和状態にありましたから、**「コロナ以前」には戻ることはできないだろう**と、わたしはみています。ですから新たなマーケットが必要です。

もうひとつは、既存のSNSなど**2次元空間では、人間は満足することは難しい**と考えるからです。2次元の限界を超えた、よりリアリティのある3次元空間、メタバースならこの問題をクリアできます。この2つが、メタバースが時代のトレンドになると考える理由です。

質問者 経済の問題と人間の欲求の問題を同時にクリアしてしまうとは凄いですね。

ノジェス フェイスブックのCEO、マーク・ザッカーバーグは、「メタバースがフェイスブックの未来の鍵を握る」として、「メタバース構想」を掲げ、社名を「メタ・プラットフォームズ（通称：メタ）」に変更しました。また日本のインターネット企業であるグリーは子会社のREALITYを中心として、メタバース事業へ参入することを発表し、100億円規模の事業投資をするそうです。今後、追随する企業は後を絶たないでしょう。

質問者 素朴な疑問ですが、概念自体は1990年代からあるのに、なぜ今になって注目されているのですか？

ノジェス テクノロジーの目覚ましい進化が起きているからです。テクノロジーの進化にはＧＰＳやセンサーなどいろいろありますが、なかでも注目すべきは、「ＮＦＴ（Non-Fungible Token）非代替性トークン」です。従来のデジタルデータは容易にコピーできますが、ブロックチェーン技術を活用することで、データのコピーや改ざんを防ぎ、オリジナル（原本）の確認ができるようになりました。ですからデジタルデータに唯一無二の価値を持たせられるようになり、今では、デジタルアートや動画、音楽、オンライン記事、バーチャル不動産など、さまざまなものが売買されています。「デジタルの愛」が25万ドル（約２７４０万円）で落札されたという話題もありました。

質問者 デジタルの愛まで売買されているとは驚きです。となるとメタバースは、映画『レディ・プレイヤー・ワン』や『竜とそばかすの姫』のように、仮想空間で何でもできるようになるということですか。

ノジェス メタバースでは、アバターが仮想空間に入って、まるで現実さながらに交流したり、買い物をしたり、サービスを利用したり、ゲームをしたりできるようになるでしょう。今はスマートフォンやパソコンの画面でウェブサイトを眺めるだけですから、今とはまったく異なる世界観です。ミラーワールドとも言われるように、地球が2個になったと思えば分かりやすいと思います。現実は現実で身体の自分が活動して、仮想空間は仮想空間でアバターの自分が活動する。つまり2つの世界が同時並行します。

質問者　地球が2つ！　ということは、それぞれの地球で別々に活動するのですか⁉

ノジェス　地球が2つなら今の倍、できることが増えるから楽しめそうでしょう。

質問者　いろんなことができると言えば聞こえはいいですけど、「もう何もしたくない」「これ以上、忙しくなるのは嫌」という多くの現代人にとっては、苦痛の種になりそうです。だからといってメタバースを使わなければ社会から取り残されてしまいそう。

ノジェス　おっしゃる通り、今のままメタバースを導入するには問題があります。心がますます忙しくなるだけでなく、今以上の格差社会になると予測できます。

質問者　格差も広がるのですか。

ノジェス　地球がもうひとつ増えるということは「戦場がもうひとつ増える」と同じ意味です。新しい地球・メタバースで「万人による万人の闘争」が一斉に始まります。むしろ、すでに始まっていると言ってもいいでしょう。

質問者　男性性の文化ＤＮＡがさらにパワーアップしそう……。

ノジェス　メタバースはビジネスチャンスでもあるので、アーリーアダプターと呼ばれる流行に敏感な人は一気に飛びつきます。インターネット上で提供されているハイパーテキストシステムであるWWW（World Wide Web）が世の中に登場したときも、即座に反応した人が新しいビジネスモデルを打ち出し、ポジションを得て名を知らしめたように、メタバースでも同じ現象が起こります。現実世界と同じように、ポジションを得られる人は極少数に限られ、大多数の人はまた、消費するだけになってしまいます。

質問者　人間の認識の変化が起こらないままなら、2つ目の地球でも確実にそうなりそうですね。

ノジェス　これまでの現実は現実で成功しなければならず、メタバースはメタバースで新たな競争をしなければならない。競争を勝ち抜ける人はともかく、大多数が今にも増して追い込まれます。ましてや、1つの観点に固定したまま、2つの地球に対応しなければならないことを想像してみてください。

質問者　パニックになりそうですね。心が忙しくなって、情報処理も追い付かなくて、あたふたしそうです。時間も空間も倍だからできることも倍に増えるはずなのに、逆に動きが鈍くなりそう。これまでのどんな格差よりも酷い「ハイパー格差社会」になりそうな予感がします。もうひとつ気になるのは、『レディ・プレイヤー・ワン』では、荒廃しきった現実から逃げるかのように仮想空間「OASIS」に入り込んでいましたよね。あのシナリオは避けたいところです。あれは現実放棄のようにみえましたから。

ノジェス　大いにあり得ますよ。メタバースでは、日常では味わえない過剰な刺激が当たり前。現実では「理想の自分、なりたい自分」になることは簡単じゃないけど、アバターなら容姿や能力も理想に近づけやすい。また、アバターのレベルアップがビジネスの成功にもつながるなら、どうしたって現実世界への関心は薄らぐと思いませんか？

質問者　言われてみればそうですね。無味乾燥な現実に価値を見出せなくなりそう。

ノジェス　そうなると、**現実世界で生きていく意味や価値も失われていく**でしょうし、メタバース内では、より自分の興味や関心のある分野だけに接するでしょうから、自分の世界観が強化されて思い込みも強くなり、さらに独善的になりかねません。

質問者　今でさえ情報の偏食のような状態なのに、その流れを助長してしまうのですね。そうなれば、ますます人間関係も偏って、関係性を築く範囲も狭まりそう。現実が荒廃していくシナリオも頷けます。

ノジェス　これらのメタバースの弱点をカバーしてブームを起こせば、メタバースは新しい経済大陸になります。そのためにわたしは、「**モルティングバース**（molting）」を提唱します。

質問者　モルティングバース？

ノジェス　はい、モルティングとは「脱皮」を意味します。

質問者　脱皮ということは、ひょっとして「繭のなかから外に出る」ということですか？

ノジェス　そのとおりです。「王子とこじき」という物語を知っていますか？王子がこじきの服を着たことで、こじきとして扱われるはめになったけれど、そのこじきの服を脱ぐことで王子に復活するというお話です。このように、モルティングバースも「身体の自分」という服を脱いで、源泉動きそのものになります。そのとき、「身体の自分はアバターだった」と気づき、現実世界がゲームになる。すると新たな仮想空間であるメタバースのなかでも、新しいアバターを楽しめます。すべての服を脱いでオールゼロ化した状態で出会うから、観点０も、観点∞も、観点１もすべて柔軟にゲーム感覚で楽しめるのです。

質問者　メタバースの成功はモルティングバースのバックアップにかかっているということですね。メタバースだけが暴走することは本当に避けないと。

ノジェス　ゲーム感覚が当たり前になれば、生きづらいと感じていた世界が楽しいゲームに様変わりします。すべての服を脱いで「ゲームだ！」と何でも楽しめるモルティングバースのバックアップがあればメタバースを思いっきり楽しめます。

質問者　忙しい時は、「影武者がほしいなあ。分身の術が使えたらいいな」なんて妄想してしまうことがありますが、２つの地球と２つのアバターになれば、その可能性が広がりますね。

ノジェス　**モルティングバースの特徴は、源泉動きに接続すること**です。メタバースのブームが起きれば「身体の自分がアバター」ということが理解しやすくなります。「身体の自分がアバターかも……」と気づくようになると、「本物の自分は何？」「アバターから自由になって本当の自分になりたい」というニーズが自然と生まれます。そのニーズは、源泉動きに接続したモルティングバースによって満たされ、そうすると現実でも完璧に「身体がアバター」になってゲームを楽しめます。

インターネットは世界中の情報機器を接続するネットワークですが、今からは、源泉動き「1」とつながることです。わたしはこの「1」とつながる新たなネットワークを、「ワンネット（ＯｎｅＮｅｔ）」と名付けました。ワンネットはインターネットの接続革命、モバイルの接続革命、メタバースの接続革命、ワンネスの接続革命など、すべてにおける接続の革命を起こします。

質問者　ワンネットで接続革命ですか。どんなことができるのか、その可能性にワクワクします。技術的にも革命がおきそうですが、あらゆるものとつながりがつくれると、それだけで安心感が広がりますね。

地球の気候変動をストップさせるエコ産業

質問者　もうひとつの仮想地球・メタバースが誕生するのはいいとして、そもそも今の地球に人間が住めなくなりそうで心配です。日本で言えば春も秋も短くなり、「日本は亜熱帯化したのか？」と思うほどの夏の猛暑。加えて突然のゲリラ雷雨に超大型台風などが毎年のように襲ってきます。国外の自然災害も甚大で、いったいどうなってしまうのだろうと気が気じゃありません。

ノジェス　産業革命以前と比較すると世界の平均気温は２０２０年時点で1.2℃上昇しています。さらにこのまま地球温暖化が進むと２０００年ごろからの平均気温は２１００年には最大4.8℃上昇するという予測もあります。すでに生命が住みづらい地球になりつつあるなか、2050年には人間だけでなく多くの生命が絶滅に瀕するという報告書もありますし、わたしもそう危惧しています。

質問者　待ってください。2050年ということは、あと30年弱ですか？　普通に考えてもまだ生きていますし、子供は社会で活躍する年頃です。それなのに命を終えなければならない未来が迫っているなんて、あまりに衝撃です。

ノジェス　でも正直、感じませんか。気候変動のみならず、コロナパンデミックまで起きているこの地球では生命維持すら難しくなっていることを。

質問者　そうあってほしくないですが、認めざるを得ません。気候変動もコロナパンデミックも、「もう限界だ」「これ以上、いじめないで」という地球の叫びに聞こえます。コロナで世界中の人々の活動がストップしたとき、空気が澄んだ、青空が戻った、普段見えなかった山脈が見えたなどの声が世界の各地から聞こえてきました。そのとき、「人間が地球からいなくなれば、地球は自然と通常のリズムに戻り、環境問題もすぐに解決しそうだなあ」と思ったものです。

ノジェス　わたしにはコロナウイルスが、「地球のサイトカイン」のようにみえます。サイトカインは、免疫細胞を活性化させたり抑制したりするもので、免疫機能のバランスを保つ役割をしています。ウイルスは細胞と違って単体で増殖できないため、細胞に寄生（パラサイト）して増殖します。では、**人間が地球にパラサイトしたウイルス**だと思ってみたらどうでしょう。

質問者　人間が地球にパラサイトしたウイルスですか。地球を食い物にしながら増殖している……。言いえて妙ですね。

ノジェス　地球に生まれた人間は、成長して暴走しました。そのきっかけが産業革命です。産業革命以前は生態系を痛めない程度に、石、銅、鉄、木材、土などで家や農工具などをつくって生活を営んでいました。でも科学が発達して、自然物を人工物に加工する技術を手にした人間は、生活や身体の便利さ、そして物質的、金銭的な豊かさを優先して地球への配慮を怠り、生態系や生物多様性の危機を招いたのです。

ちなみに、今世界では「2030年までに持続可能でよりよい世界を目指す国際目標SDGs（Sustainable Development Goals）」が声高に叫ばれていますが、繭のなかでは絶対に実現不可能です。繭のなかは有限な世界ですから、始まりがあれば必ず終わりがある　ですから持続可能はありえません。本物のSDGsは繭の外に出てこそ可能です。

質問者　なるほど。それにしても大量生産、大量消費、大量廃棄は目も当てられませんよね。地球からしたら人間は迷惑な存在だと思います。人間は、「地球は俺のもの。好き放題させてもらうよ」と我がもの顔でやりたい放題。人間が地球にパラサイトしたウイルスに思えてきました。

ノジェス　自分一人で出来ることは何ひとつないのに、「独立した自分がいて、独立して動いている」と、人間は思い込んでいますからね。源泉動きによってそれらが可能になっていることも知らずに傲慢な態度をとっていれば、人間はパラサイトしているウイルスそのものです。

質問者　ウイルスが入った身体の危険を察して発動し調整をとるのがサイトカインならば、地球が人間というウイルスに危険を察知して「コロナパンデミック」というサイトカインを起こして調整をはかっている。そう思えば納得です。

ノジェス　人間は「キレイなゴミ」をせっせとつくり続けてきましたから、サイトカインを起こされても仕方がありませんね。

質問者　キレイなゴミ?

ノジェス　人間がつくりだしたモノ商品は、基本的に**「捨てることが大前提」**でつくられたものばかりです。「キレイなゴミ」をつくって、キレイなゴミを買って、一時的に満足して、ひどい場合は買っただけで満足して、あっという間に飽きて、ゴミ箱にポイッと捨ててしまう。

質問者　耳が痛い。さほど必要ないのに買ってしまったり、まだ十分に使えるのに流行おくれだからと捨ててしまうものもあります……。

ノジェス　だからといって、「捨てるのが悪、長持ちさせるのが善」といったステレオタイプも困ります。「身体の目で見るのか、心で観るのか」、どちらの認識からスタートしているのかがポイントです。

質問者　確かにそうですね。心で観ればモノ商品の生産や消費はずいぶん変わりそうです。でも今は、ＣＭで消費を煽っても、以前のようにこぞって流行りに乗ることも減りましたよね。モノに囲まれた生活や流行りを追うことに疲れたり、どんなに買っても満足しないことに気づいた人も増えているように思います。断捨離やミニマリスト、エシカル消費、シェアリングやエコノミービジネスも浸透してきていますし。

ノジェス　時代の流れも確実にその方向ですね。地球の気候変動に関しても、地球温暖化につながる温室効果ガスの排出をゼロにする「脱炭素社会」を目指す風潮が世界中で強まっていますし、世界に誇れる環境先進都市を目指そうとする機運の高まりも感じます。自動車業界は顕著で、EUは2035年までにエンジン車新車販売禁止の方針、アメリカのバイデン大統領は2030年に新車の50%を電気自動車(EV)にすると言っていました。EV車については、日本はトヨタを筆頭に出遅れましたね。ただ日本は、むしろ今までの基幹産業に頼らずに、新たな基幹産業にシフトする好機だと思います。

質問者　新たな基幹産業ですか。日本が世界に誇れるもの……。ゲーム産業やアニメは世界より抜きん出ていると思うのですが、基幹産業としては微妙だと個人的には思います。

ノジェス　ゲーム産業は間違いなくこれからのトレンドとなるでしょう。モルティングバースによって現実も仮想空間も、すべてがゲーム感覚に変わります。これからはゲームを通して学び、遊び、交流する時代です。

わたしは、「**心を教える学校**」としての使命を担うのが日本だとみています。新しい日本の基幹産業は、教育で世界をワンチームにしてしまう「教育と経済を融合したEdunomics(educationとeconomicを合わせた造語)」、そしてこれをゲーム産業で世界に広げることだと考えています。メイド・イン・ジャパンのモノづくり日本から、Heart of Japanの心づくり日本へと大変身。モノ商品をつくって、五感を刺激する、身体を便利にする、豊かさを得るなどで心を満足させるのではなく、ダイレクトに心の満足をつくるのが「**心づくり**」です。

質問者　「教育で世界をひとつに」ってカッコいいですね。環境破壊も全く関係ない、まさにエコ産業のモデルになりそうです。心を教えながら、環境破壊ができない人をつくりながら、健康な地球をつくれたら、地球も動物も植物も、みんなが喜びますね。

地球市民を一人も取りこぼさず罠から脱出させるには

質問者　地球上の誰一人も例外なく、オールゼロ化感覚、心感覚、ゲーム感覚を得て人生を再設計できるようになる最短ルートは、「学び×ゲーム」を取り入れた教育が要になりそうですね。

ノジェス　はい。そのために何よりも優先すべきことは「正しい絶望」です。正しい絶望は、無限の質問を発見する根本エンジンでもあります。ですから、「脱出不可能な人間ゲームから脱出するゲームだ」と気づくようにゲーム設計をし、宇宙の因果法則というロゴスにそって限りなく質問と答えのフィードバックを繰り返しながら、正しい絶望に気づかせていくことです。

質問者 なるほど。「脱出不可能な人間ゲームから脱出するゲームだ」と気づかせ、正しい絶望に導くゲームなら、遊びながら心感覚が身に付きそうですね。

ノジェス ゲームを通して学ぶうちに人生そのものがゲーム化していき、自然とチャレンジする自分になっているなどの変化が起こります。

実際、オールゼロ化感覚、心感覚は、ひとりだけとか、ごく一部の人だけが使うレベルでは、あまり意味がありません。800万年もの間、繭のなかに閉ざされて脳に支配されてきた人間ゲームから、源泉動きそのもの、心そのものが主導するゲームへと、地球上の77億人みんなでシフトチェンジが必要です。

質問者 そう思います。コロナパンデミックや気候変動、心の不安など、問題意識がグローバル化された今は、「なぜこのような問題が起きているのか」に対する世界中の関心を一気に集め、「正しい絶望」への道をひらく絶好のタイミングだと思います。仮に特定の人だけが繭の外に出て、心そのものになったとしても、繭のなかの闘争は終わらないでしょうから、それならば人類を一人残らず脱出させるゲームにチャレンジしたいです。

ノジェス いいですね。世界中の人が繭の外に脱出できるように現実力をつけましょう。

質問者　どうしたらいいですか？

ノジェス　サッカー選手の年俸を知っていますか？　2020年のトップはリオネル・メッシで、年俸は1億2600万ドル（約133億円）だそうです。資本主義経済で影響力や現実力を持つには、産業化をして経済循環を起こすことです。全世界でゲーム産業のブームを起こして、正しい絶望から、心そのものの人間へと案内するゲームの名選手になれば、スポーツのサッカー選手よりも世界に与える影響は大きいと思いませんか？

質問者　スポーツのサッカーも熱狂しますが、そんなゲームの名手だったら、間違いなく世界に欠かせない人物ですね。しかも特別な人だけじゃなくて誰でもそうなれるチャンスがあるということでしょう？　夢が広がりますね。

ノジェス　そうです。誰もが本来持っている天才性を発揮できるので、特別な誰かだけではありません。このゲーム産業が世界的メジャー産業に成長すれば、なりたい職業ランキングのトップに躍り出るでしょう。ゲームは性質上、広がるスピードが速いので、全世界の人に共有するには最適です。

全世界がゲームをしながら学ぶことで、物事を見ることも、聞くことも、存在することもゲーム感覚になっていきます。そうすれば、ゲームの外に出てもゲームになる。ですから、誰もがｎＴｅｃｈのマスターになれるのです。

質問者　「目で見ちゃダメ」が習慣になって、「見ても見ていない」心感覚を育てていけるのですね。

ノジェス　はい、「目で見ちゃダメ」の意味深さの理解がゲームを通しても進みます。「知っていること」は必要だけど、主語や述語があるものは全部がニセモノだと分かることです。つまり、知っている世界から自由になった状態で、知っている世界を語ること。仕事をしても仕事をしていないし、見ても見ていないし、聞いても聞いていない。この心感覚が当たり前になり、イメージ不可能な源泉動きしかない状態を常に習慣化することです。

質問者　習慣化した先はどうなるのですか？

ノジェス　チームプレー力が養われていきます。人間は自己否定をするために脳が未熟で生まれるという話をしましたが、脳が未熟である理由にソーシャルパワーを育てるというものもあります。未熟だから自分ひとりでは何ひとつできません。ですから多くの人の手を借りながら関係性を育むのです。人間はソーシャルアニマルと言われるように、関係性の生き物です。個人の能力がどんなに高くても、つながる力がなければ生き辛くなります。これからは不動産やお金などをどれだけ所有しているのかではなく、**どれだけ多くの人と**

つながれるのかが重要な時代です。

質問者　面白いですね。未熟に対するイメージも変わりました。

ノジェス　ちなみにこれまでの多様性と言えば、「みんな違ってみんないい」と繭のなかで無理やり合わせて、違いを認め合うといったものでした。ですが本来の多様性は、源泉動きそのものになって、何とでも無限にパートナーが組めることを言います。

質問者　何とでも仲良くなって協力し合えるということですか。我慢して・妥協して・合わせて・演じるというこれまでの多様性とは全く違いますね。

ノジェス　はい。ですから、見ても見ていない、聞いても聞いてないオールゼロ化感覚、心感覚が当たり前になり、知っている世界が絶対ではないことが分かると、遠慮なくディスカッションやディベートができます。激しく論争しても、喧嘩しても大丈夫。喧嘩しても喧嘩していないから、何でも言い合えます。だから「もっといい観点を生み出そう」と互いに無限大アウトプットしながら、観点の融合や上昇を起こせるようになっていくのです。

質問者　楽しそうですね。参加する人みんながドンドン賢くなりそう。

ノジェス　はい、意思決定のスピードも質も驚くほど向上しますよ。これは、「意思決定ができないところから意思決定をする仕組み」でもあるのです。源泉動きは、イメージも、認識も、感じることもできず、当然、意思決定もできません。その状態から意思決定をするということは、つまり「思い込むぞ。ゲームをするぞ」ということ。だからゲーム感覚、遊び感覚で、力を抜いて気楽に意思決定ができるのです。身体の人間は、「現実＝ゲーム」だと思えないから、意思決定に力が入って、なかなか決められなくなるのです。

質問者　力が入って何も決められずにチャンスやタイミングを逃してしまうことばかりでしたけど、「意思決定＝ゲーム」だったら、「まずはやってみよう」と、迷わずにパパッと試してみる気になれますね。

ノジェス　そうです。これを日常的に繰り返すことで、チームプレー力、組織力がアップして、問題解決能力も上がります。

罠から自由になるのであれば、現実の問題も解決できるようになる必要があります。**心がスッキリ満たされることはゴールではなくスタートライン**。そこから、繭のなかの多様な問題、貧富の格差や気候変動、少子高齢化など、あらゆる問題に着手してひとつずつゲーム感覚でクリアしていくことです。そのためにはチームプレーが組めて、縦横無尽な**リゾーム組織**を構築できることです。

質問者　リゾーム組織とはなんでしょう？

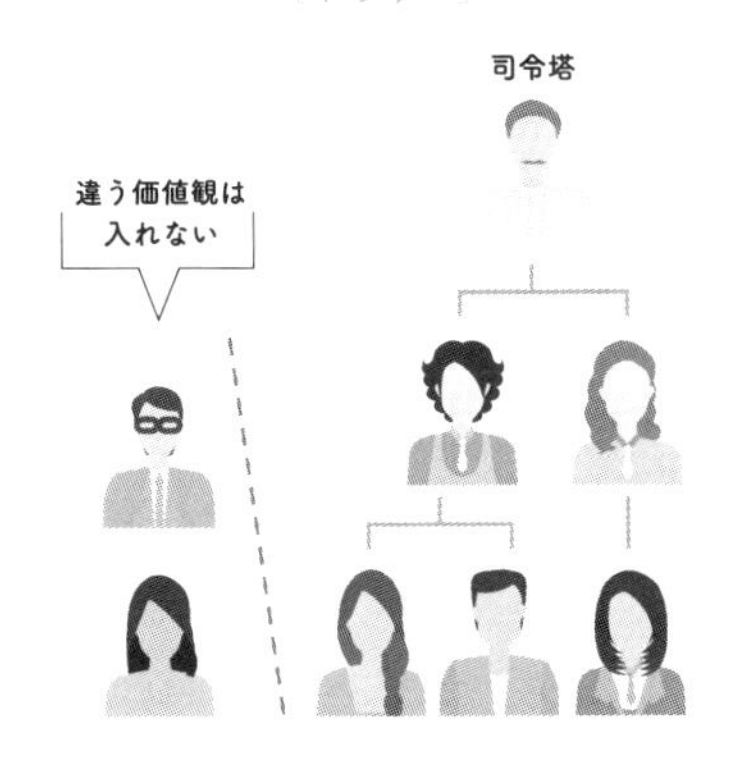

ノジェス　リゾームとは、フランスの哲学者ジル・ドゥルーズが提唱した概念です。「根」の意味で、トゥリー（樹木）型に対抗する発想です。トゥリーがひとつの絶対的なものから展開するのであれば、リゾームは始まりも終わりもなく縦横無尽に広がります。組織に置き換えてみれば、トゥリーは存在が存在して、役割やポジション、指示系統も決まっています。対してリゾームは動きだけがあり、その動きの中で必要に応じて役割やポジションが生まれ、そのポジション同士が多方向に連携、連動し合います。プロジェクトも必要に応じて生まれたり消えたりしながら、役割やポジションもその都度リセットされますし、複数のプロジェクトを同時進行で担います。

質問者　躍動感がありますね。いろんなポジションやプロジェクトを経験しながら、しかも同時に複数の役割を持つなんて能力開発にもなりそうです。

ノジェス　リゾーム組織は、脳につかまっている身体の人間では実現不可能な組織形態です。オールゼロ化感覚、ゲーム感覚だからこそ、観点につかまらず観点0、観点∞、観点1を循環して自由に楽しみながら取り組めるのです。わたしは1996年にNR Groupを立ち上げてリゾーム組織づくりの実践をしています。

質問者　もうすでに始めているのですね。

ノジェス　AI時代は、商品の大きなイノベーションが必要です。これまでのモノ商品の生産はAIが代替するようになっていきます。ですから人間はAIには真似できない新商品の生産をしなければなりません。その新商品は「**組織システム**」、つまり**リゾーム組織づくり**だとわたしはみています。リゾーム組織をたくさん生みだして経済循環を起こし、より素晴らしいリゾーム組織づくりの競争をすることが、世界をひとつにまとめる世界連邦政府の誕生にもつながります。

質問者　商品のイノベーションに世界連邦政府……。壮大な話ですね。でも、世界がひとつになって取り組むべき課題に直面している今は、人類全体が大きく舵を切る「路線変更」を願う人で溢れていると思います。そうなると、国家という形態にこだわるのは時代遅れなのかもしれませんね。

ノジェス　世界をひとつにまとめる世界連邦政府を担うリーダーはどんな人が適任だと思いますか？

質問者　少なくともこれまでの成功者や権力者のイメージではないですね。このコロナ禍においても、世界のトップ富豪10人は5400億ドル（約56兆6000億円）相当の資産を増やしたと国際NGOのオックスファムが発表しています。この額は新型ウイルスによる世界の貧困化を防いで人類全体のワクチンを購入できる額だそうです。わたしは彼らが問題だと言いたいのではなく、このような人たちが成功者とされ、憧れられるのは時代遅れだと感じています。

ノジェス　成功者の概念は変わる必要がありますね。まずは正しい絶望をして心が脳に勝つことが成功者の第1歩ではないでしょうか。

わたしは真のリーダーはこうあるべきだと思います。

「人類が闘うべき課題を明確にして、闘う準備を整えること、そしてその課題に涙を持って最後まで諦めずに取り組むこと」だと。

質問者　素敵です。正しい絶望なくしては成しえないリーダー像ですね。

ノジェス　そうです。だからこそ正しい絶望が必要なのです。正しく絶望をして、身体感覚を完璧に統制できる心感覚、オールゼロ化感覚で、ビヨンド・メタ認知ができることです。地球上の77億人をもれなく正しい絶望に案内して突破させるゲームは、言い換えれば「**８００万年負け続けた相手と闘うゲーム**」です。８００万年のパラダイムを変えるのだから、それに立ち向かうには凄まじい勇気と持続力が求められます。ですから中途半端な絶望では、絶対にモチベーションが続きません。いちばん深くて、もっとも正しい絶望に、これまでのすべての涙を感じることで得られるのが、真の勇気とモチベーションなのです。

質問者　８００万年のパラダイムを変える勇気。ただの勇気とはレベルが違いますね。でも、その勇気とモチベーションを手にして、チームプレーする仲間をひとりひとり増やしていくゲームは、これまでのどんな仕事やゲームよりも胸が高まります。

ノジェス　そうですね。人生はゲームです。ぜひ一緒に８００万年間のパラダイムチェンジにゲーム感覚で挑みましょう。

ディグニティ1.0から2.0へ

ノジェス ところで、フランスの啓蒙思想家であるジャン＝ジャック・ルソーは、フランス革命に大きな影響を与えた人物ですが、ご存じですか？

質問者 たしか、「自然に帰れ」と表現した人ですよね。どういう意味だろうと気になっていました。

ノジェス ルソーは公的権力が無い状態（自然状態）が理想的だと考えました。イギリスの哲学者のトマス・ホッブズは、自然状態では万人の万人に対する闘争になると説いたので、反対の発想です。ルソーは、社会契約説に基づいて封建社会や絶対王政を鋭く批判し、直接民主制をかたちづくる国家の必要性を説きました。

質問者 ルソーはなぜ、「自然状態が理想的」だと考えたのでしょう？

ノジェス 人は生まれながらにして互いに助け合う純粋な心があり、貧富の格差もなかった。でも農耕が始まって土地を私有財産にしたことから、人は利己的になり不平等が生まれた。だから「個人の所有」が不平等の原因だと考えたのです。文化や文明の腐敗は個人の所有を認めた結果なので、それを解決するために「自然に帰れ」と言いました。

質問者 所有をすべて放棄して原始時代のようになれということですか?

ノジェス ルソーは原始に戻れとは言ってはいません。また、すでに個人の所有があったり、時代の進歩もあるので、それをなくすことは不可能です。でも不平等の問題は解決する必要がある。そのためルソーは、直接民主制による新しい国家づくりを説き、それがフランス革命につながったのです。

質問者 『レ・ミゼラブル』の民衆の歌や戦闘のシーンがよみがえりました。多くの命の犠牲の上に、今の自由があるのですね。

ノジェス わたしたちはあまりにも簡単に「自由」という単語を使いますが、この単語ひとつも命がけで勝ち得たもの。人類の涙がつまっています。

ルソーは新しい国家づくりを語りましたが、グローバル社会となった現代は、そのレベルでは不平等の問題は解決しません。これからは、「新しい時代、新しい文明」をつくらなければ、本物の自由と尊厳を具現化できないとわたしは考えます。

質問者 本物の自由と尊厳ですか……。人間の尊厳を守る、尊厳死などは聞いたことがありますが、そもそも「尊厳」とは何でしょう？

ノジェス　日常では、馴染みが薄いですよね。辞書では「とうとくおごそかなこと。気高く犯しがたいこと。また、そのさま」とあります。わたしは尊厳を「これまで」と「これから」に分け、これまでを「ディグニティ（尊厳）1.0」、これからを「ディグニティ2.0」で整理しています。

ディグニティ1.0は、目に見える高さの幸せや成功の追求です。他の生死すら一存で決められる一国の王のように自由な境地です。自身が求める結果が得られるならば、動機も手段もプロセスも問いません。

この境地を「無意味で価値がないことだ」と馬鹿にして、王子の身分を捨てたのが釈迦です。たとえ他人の命を奪う権利があったとしても、そんな人生は悲惨で残酷で屈辱的だと。それでは本物の尊厳は生まれないし、感動も起きないからです。

つまり、正しい絶望ができずに、繭のなかで中途半端な希望と中途半端な絶望を繰り返していたのが、ディグニティ1.0です。

質問者　これまでの尊厳は、中途半端な尊厳だったのですね。

ノジェス　わたしが提唱するディグニティ2.0は、脳では理解ができない、凄すぎる「源泉動き」

だけが実在しているところから出発します。これは他の尊厳を破壊した上での相対的な尊厳ではなく、格差をひとつも許さない**絶対尊厳**、**絶対平等**。どんなゴールを目指すとしても、出発は源泉動き、プロセスは宇宙のロゴスであるデジタルの6ステップです。つまり、正しい絶望をして、究極の希望と出会い、自分で自分の考えができる人たちの尊厳関係が溢れる、その新しいライフスタイルがディグニティ2.0です。

質問者　源泉動き、つまり心感覚が新しい基準のライフスタイルになるということですね。

ノジェス　はい。本物の自然状態は、時間も空間も存在もエネルギーもない、源泉動き「1」だけです。源泉動きから出発することは、絶対平等からの出発ですから、不平等の問題はクリアできます。では不平等の世界はというと、それはゲームとして楽しむだけです。

質問者　不平等すらゲームとして楽しめるとは……。源泉動きが基準にならなければあり得ないことですね。物凄く許容範囲が広いというか、心のゆとりを感じます。

ノジェス　認識技術によって心感覚が得られたときに、源泉動きだけがあることが認識でき、これまでの科学技術の時代から、認識技術の時代へと幕を開けます。心感覚を得ることは、フランス革命によって得た自由を超える、真の自由の獲得でもあります。自由自在とは「自らが〝理由〟であり、自らが〝存在〟している」こと。つまり、自他を克服した境地の源泉動きだけがある、それそのものになってこそ得られるものが自由自在です。自分が出発になり、自分だけのルールで自律する、自分のルールにだけ服従する。それが令和哲学からみた自然状態、つまり「自由＝自律＝自然」なのです。

質問者 自由の重みというか、自由の深さと広さがこれまでとは、まったく違いますね。

ノジェス 個人の利益より共同体の利益を優先する人たち、「自由＝自律＝自然」となった人たちの集まりを守る理想国家が、〝和を以て貴しとなす〟共和国であり、ルソーはこの共和国国家の必要性を訴えていたのだとわたしはみています。ただ今は、理想国家に留まらずに、新しい理想の時代と、新しい理想の文明が必要です。理想国家をつくり、理想時代をつくり、理想の尊厳文明をつくること。正しく絶望をし、究極の希望がみえた時に、心時代を拓いて尊厳文明を具現化するモデル国家の必要性がみえてきます。わたしからみた**モデル国家となる唯一無二の国は、紛れもなく日本です**。「間」や「0＝∞＝1」とともに発見したのは「日本文明の可能性」でした。日本があるからこそ、尊厳時代や尊厳文明が可能になることがはっきりと分かり、以来、JAPAN MISSIONを発信し続けて27年目となりました。機会があれば、日本とは何か、なぜ日本なのかなど日本文明の可能性についてもお話したいです。日本について語らせたら、何日でも寝ずに話せますよ。

真の女性性が開花する！　令和ジャパンの可能性

質問者　悲しいかな、日本人であるわたし自身は、「日本の可能性」について語れることがほとんどありません。けど、せっかく日本人で生まれてきたので日本に誇りを感じたいし、日本の可能性や役割はとても気になります。ぜひまたゆっくり聞かせてほしいです。

ノジェス　そうですね。では少しだけディグニティ2.0とつなげて日本についてもお話ししましょう。ディグニティ2.0といえば、2021年10月9日、10日、11日の3日間にわたって『Dignity2.0国際カンファレンス』を初開催し、国内外から延べ3500人余りの方にご参加いただき、お陰様で大盛況に終わることができました。オフライン会場はグランフロント大阪、そしてオンライン会場、メタバース会場という3会場を設け、40を超えるプログラムをご用意しました。

質問者　コロナ禍でそんな大規模なイベントをされたのですか？ノジェスさんは、言うこともやることも大胆ですね。

ノジェス　今はとくに重要な時ですから、やらない選択はありません。2019年、日本は平成から令和へと元号が変わりました。わたしは、そこからの5年間は日本から教育革命を起こす最も重要なタイミングであり、クリティカル（決定的な）チャンスだとみています。2019年は日本文明が、日本のミッションに目覚めて令和の幟を立てました。令和の「令」は、「今」と「1」で成り立つ文字にみえますよね。これは「今ここ、源泉動き〝1〟で生きる**戦争不可能な状態**」が令和だと解釈できます。つまり今回の改元は、戦争を反対して平和を目指す日本から、戦争が不可能な「令和」の日本に生まれ変わる宣言だとわたしは捉えました。これは天が開いたシンボルです。

質問者　ノジェスさんは「令和哲学者」を名乗られていますが、それが理由だったのですね。

ノジェス　2020年は、世界中がコロナパンデミックに見舞われましたが、これは地が開いたシンボルです。これまでの営みや常識が通用しないこと、物質文明の延長では未来がないことに世界中が気づき始めました。そして2021年は人が開く年。脳の時代からのバトンを受け、心の時代へとシフトするための本格的な教育革命がスタートを切る年です。そのシンボルのひとつとして、世界基軸教育による「Dignity2.0国際カンファレンス」を開催しました。さらに2022年の経済ビジョン、2023年の政治ビジョンによって**心の国家モデルになる日本をつくる**。そこから世界がひとつになる土台の完成を目指しています。

質問者　具体的なビジョンを掲げて実践されているのですね。それにしても話が大きすぎて、本来なら国を挙げてやるべきことのような気もします。

ノジェス　まったくの偶然ですが9月1日に発足したデジタル庁が創設したデジタルの日が、ちょうど10月10日、11日だったのですよ。聞いたときは本当に嬉しかったですね。デジタル哲学を提唱するわたしとしては、国も応援してくれているとしか思えません。カンファレンス終了日の夜には、「後夜祭」と称して、真の女性性開花を象徴するカウントダウンイベントも開催しました。

質問者　どんなイベントですか？

ノジェス　人類の歴史は「お母さんをいじめ続けた800万年」だと言いましたが、その歴史にピリオドを打つ「神話の手術」とでも言うような「パンドラの箱」のオープンセレモニーです。実は、聖書や神話の世界観からみても、これまでの女性差別や女性蔑視は当然の流れなのです。でもそれでは困るので、いよいよ手術に踏み切ったというわけです。

質問者　神話の手術……。聖書も神話も馴染みがないのですが、どういうことですか？

ノジェス　そうですよね。まず聖書からみていくと、女性の祖であるイブは「堕落の象徴」とされています。アダムとイブは、「エデンの園にあるどの実を食べてもいい。だけど、〝善悪を知る木〟の実だけは食べるな」と神は言われました。でもイブはヘビにそそのかされて禁断の実を食べてしまい、さらにアダムにもその実を分け与えました。このことから人類は堕落して、エデンの園から追放されたとあります。

質問者　イブが過ちを犯したから人類が苦労する羽目になったということですか……。

ノジェス　そうです。ではギリシア神話もみてみましょう。

天界から火を盗んで人類に与えたプロメテウスに、全知全能の神・ゼウスは怒りました。そこでゼウスは人類に災いをもたらすために「女性」というものを作るようにヘファイストスに命じ、それでつくられたのがパンドラです。ですからパンドラはギリシア神話における最初の女性です。

プロメテウスは、弟のエピメテウスに「ゼウスからの贈り物は受けるな」と言いましたが、ゼウスからパンドラを贈られたエピメテウスは、彼女の美しさに虜になり、プロメテウスからの言葉を忘れてパンドラを妻に迎えます。ゼウスは「災いの詰った箱」をパンドラに持たせて地上に送り、パンドラには「箱を開けてはいけない」と禁じていました。ですがパンドラは好奇心に駆られて開けてしまいます。その途端、災いが四方八方にまき散らされてしまいました。慌てて蓋を閉じたその箱には「希望」だけが残ったと言われています。

質問者　イブだけじゃなくパンドラも過ちを犯してしまったのですね。

ノジェス　ギリシア神話ではパンドラは世に災いをまき散らした元凶です。この2つの話は、古代より続く男性中心の考え方のもとになっています。女性は災いをもたらす存在だ、男性をむやみに誘惑して惑わすものだ、だから知恵や社会的地位を与えてはいけないと、男性は女性が賢くなることや影響力を持つことを嫌ったのです。イスラム主義組織タリバンは今でも女性の権利を制限していますね。

質問者　「諸悪の根源は女性」というルーツが聖書や神話だったなんて……。でも、このままにはしておけません。女性の名誉を挽回しなければと思います。

ノジェス　女性の皆さんが怒りたくなる気持ちは分かります。でももうお分かりの通り、そもそも誰もが「男性性」しか使ってこなかったことが問題であり、女性が悪い・男性が悪いというのは間違いです。とはいえ、古代より神話では「女性が問題」という意識があるのは事実なので、その意識改革が必要ですね。

質問者　それで、神話手術のパフォーマンスをしたのですか。

ノジェス　そうです。実際にパンドラの箱を開けて、残された希望を爆発させ、世界に広げていくのは日本文明のミッションです。２０２１年10月11日の午前11時には、日本文明の爆発の口火を切る「真の女性性の開花」として富士山のイベントをし、その12時間後の午後11時には、パンドラの箱をオープンするカウントダウンイベントを行いました。ところで、ゼウスがパンドラの箱に入れたものは災いだけではありません。実は今までの災いや絶望を希望に大反転させ、二度と絶望できないようにさせる「本物の希望」も入れてあり、それがゼウスからのプレゼントだったのです。けれどパンドラは、箱の底に本物の希望だけを残したまま蓋を閉じてしまった。そこは彼女のミスでしたね。

質問者　神話もそんなふうに解析できるのですね。

ノジェス　パンドラの箱に残った本物の希望を言い換えると、「真の女性性・日本の涙・侘び寂びの心」です。

質問者　真の女性性＝本物の希望は理解できますけど、日本の涙と侘び寂びの心ですか？

ノジェス　桜や紅葉が散りゆく時の儚さや残った枝に感じる寂しさ、鉄が朽ちていく様子などに美を感じるのは日本の独特な感性で、日本以外は朽ちていくさまに美を感じることは稀です。侘び寂びの心は、源泉動きという「心の動きだけがある」ことを無意識で分かっている日本の心だとわたしはみています。**寂びはすべてが消えゆくさま、侘びは無くすことができないひとつだけが残るさま。**自分と自分の宇宙という虚構がすべて消え去り（寂び）、源泉動きだけが残る（侘び）。そして今ここ源泉動きだけがあるのに、あたかも存在が存在しているかのようにみえる奇跡を楽しむことができる感覚。目で見ることが不可能なのに、見えているという神秘を感じる。今ここにすべてがあるけど、すべてが無い。それが「侘び寂びの心＝心感覚」であり、心の時代のシンボルです。ですから日本の文化や生活の至るところには、心感覚の痕跡が残っています。

質問者　何だか日本人で生まれたことが誇らしく思えてきました。目に見える世界だけに美を感じるのではなく、見えるものも見えないものもすべてを洞察して美を感じるセンスを備えているなんて。

ノジェス　ただ、個人の感覚に留まれば抽象的な主観でしかありません。日本は、感覚は発達しましたが、心感覚を論理体系化したり、教育に落とし込むまでには至りませんでした。ですから、侘び寂びの心を全世界にプレゼントできるように論理体系化したのが完全学問であり、美学の完成です。個人で実践するものが哲学ならば、美学はリゾーム組織つくりと、それを実践する組織システムです。美はただ眺めるものではなく、心感覚を得た人のチームプレー、その実践によるハーモニーです。

質問者 心時代は美の概念もガラッと変わるのですね。

ノジェス 海洋民族の日本は元来チームプレーが得意ですし、侘び寂びの心や日本の涙まで備えて、心とは何か、本物の尊厳とは何かを教えるための文化文明を育んできました。まさにディグニティ2.0という新しい尊厳の時代をつくるために準備された国としか言いようがありません。

質問者 日本人なのに日本のことをほとんど知らなかったと痛感しながら聞いています。そこで、もう少し教えてほしいのですが「日本の涙」とは何でしょう?

ノジェス それについては語りつくせないほどあるので、触りだけお話しましょう。わたしは世界を「日本」と「日本以外」で分けますが、とにかく日本は普通の国ではありません。ですから普通の国になろうとしたら、日本の持ち味を活かすことができなくなります。陸続きの地域は互いに侵略を繰り返すなど人間同士の争いが絶えませんでした。ですが、海に囲まれた日本は、対人間ではなく、幾度となく自然と闘い続けてきた粘り強さがあります。また、自然が相手だったため、何かを責めることなく「水に流す」という文化も自然と生まれました。ですから耐え忍ぶ心、諦めない心、待つ美学は、世界のどこにも勝る日本の強みです。

質問者　「耐え忍ぶ」にはあまり良いイメージがありませんが……。

ノジェス　そうですか？　心の国のモデルのような強みですよ。では、別の角度から耐え忍ぶことについて触れてみましょう。

日本の終戦日である１９４５年8月15日以降、日本は原爆投下した国や、その他の戦勝国に対して恨んだり報復したりせず、むしろ彼らから学びながら、和解を優先して76年もの間、耐え忍んできました。これは「日本が弱いから」ではなく、強さゆえの選択です。日本の無意識深いところには、「いずれひとつになるから」という感覚が生きています。だから、相手を恨まずに、耐え忍び、時を待つことができるのです。もし日本が報復にでていたら、東アジアが世界の工場になることはあり得なかったでしょう。

質問者　日本は弱いから何も言えないのではなく、**強いから耐えることができる**。それは、心感覚が日本の根底に流れていることの現れなのですね。

ノジェス　ですが、今までの日本の成功は、本物の成功ではありません。軍事でも経済でもトップに躍り出そうになりながら、今一歩、及ばなかったのは、日本が本来すべき勝負ではなかったから。これからが日本の本番勝負の始まりです。世界基軸教育を道具に、人間一人ひとりにアプローチし、生きることが楽しくてたまらないようにさせていく教育をすることです。

質問者　いよいよ、日本の本領発揮ということですね！

ノジェス　「肉を切らせて骨を断つ」という諺があるように、日本は脳の時代から心時代になるタイミングを待ち続けていました。脳の時代の軍事戦争や物質文明の経済戦争、それによって得られるディグニティ1.0ではなく、教育によって心時代、ディグニティ2.0のライフスタイルづくりに挑むのです。

質問者　「教育で世界をひとつに」と、心を教える教育を新しい日本の基幹産業にすべきだと仰っていたのがそれですね。

ノジェス　そうです。そして「耐え忍ぶ」ことについて、もうひとつ言うならば、源泉動きは、ずっと耐え忍んできたのです。

質問者　どういうことですか？

ノジェス　源泉動きは、「自分が何者なのかが分からない」から、想像妊娠をして現実という虚構をつくりましたよね。実はこの出発から、自己否定の連続なのです。光という虚構を生み出しても、物質になっても、植物になっても、動物になっても、自分が何者なのかが分からない。答えが分かる状態になるまで、過去の自分を否定しながら変化をし続ける。そして人間になっても、これでもかと自己否定を繰り返しながら、正しく絶望をすることで、「ああこれだったのか！」と心そのものの自分に出会える。この一連のプロセスを諦めずに耐え忍ぶことで、永遠な勝利者になるのです。パンドラの箱の話も同じです。あれはただの神話ではなく、宇宙のロゴスそのものと言えます。終わりなき自己否定をしてきた人間が、究極の絶望と出会った時、二度と自己否定ができない希望そのものになり、絶対自己肯定感が得られる。これは宇宙のロゴスそのものです。

質問者　「パンドラの箱を開けたら二度とへこまないわたしになる」と言っていた話とつながりました。その箱を開けてすべての災いや中途半端な絶望を出し切ったら、いちばん深い絶望に出会い、最後には究極の希望だけが残る。つまり二度と絶望ができない希望だけがあると。耐え忍ぶとはそういうことだったのですか……。

ノジェス　はい。ただ、誰かひとりだけが答えを得ても意味がありません。ですから、誰もが「分かる」ように教育として体系化しなければならない。完全学問は日本で生まれましたが、わたしは日本だからこそ可能だったと思っています。なぜなら日本は、集団で自己否定をしているからです。この「集団自己否定」も世界のどこにもない日本ならではの特徴です。現実的にも耐え忍び、本質的にも耐え忍んできた日本は、この時代の宝です。あなたもここまで、よく耐え忍んできましたね。耐え忍ぶことに成功し、絶望の構造をマスターしたあなたは、二度とへこまない永遠な勝利者になれます。

心時代は言い換えれば、脳に勝つ〝のうかつ〟時代です。これまでの脳の時代はまだ、ディグニティ2.0の尊厳人間は始まっていません。心感覚を使ってこそ、尊厳人間がやっと始められます。ですからこの時代を生きる人が何より優先してやるべきことは、0・001秒の刹那で「今ここ、完全死＝完全に生きる」心感覚の実践。それにより、人間が持つ最高の機能を発揮して、男性性も真の女性性も、脳も心も余すことなく使い切ることができ、まるで息を吹き返したように本来の人間として復活が果たせるのです。この実践なしには、尊厳人間として生きる道はありません。その心感覚を日々、実践し、「目なし観る・耳なし聴く・手なし触る・足なし歩く・脳なし生きる」を、ポストコロナ時代の新常識としてキャッチフレーズにしていきましょう。

質問者　今のお話だけでも、これまで考えてもみなかった日本の可能性や役割を感じて、この時代に日本人で生まれてよかったと感じました。ぜひまた詳しく聞かせてください。

正しい絶望がすべての出発であり、正しい希望への道　暴風雨のなかで沈没しそうな地球船が、北極星のように揺らぐことのない時代の羅針盤、これからの基準軸を確認した時間になりました。まさに**価値基準の大革命**ですね。

誰一人として繭のなかに置き去りにしないように、「脱出不可能な人間ゲームから脱出するゲーム」をして、世界中にゲームの仲間を増やしていきたいです。今日は本当にありがとうございました。

Diginity1.0/2.0比較

Dignity1.0	Dignity2.0
脳	心
男性性（狩り型の文化DNA）	真の女性性（料理型の文化DNA）
中途半端な絶望と希望	正しい絶望、究極の希望
暴力・財力	魅力・美学
宗教・科学	令和哲学・侘び寂び美学
全体主義・個人主義	共同体主義
生命体	精神体
動物文明・物質文明	精神文明
モノ商品	リゾーム組織
身体感覚、五感	心感覚・オールゼロ化感覚
高さの幸せ成功	深さの幸せ成功
繭のなか	繭のなかと外を自由往来
観点の天動説 観点が1つに固定	観点の地動説 観点0, 観点∞，観点1の循環

✓ **脳に心が勝つ道具「ビヨンドメタ認知」と**
宇宙の因果法則（ロゴス）PU感覚（Personal Universe）

心・エネルギー・物質の関係性がみえたらゲームを自在に設計できる。感じたい感情を感じ、考えたいときに考え、あなたの意志でコントロールできる。

✓ **観察エラーの学問を補う「完全学問」**
すべての違いを疎通させる「世界基軸教育」

1回学ぶだけで永遠に使える完全学問。イメージ言語を道具に心と脳の関係性をマスター。知の世界をオールゼロ化できる世界基軸教育によって世界が結ばれる。

✓ **メタバースを補う接続革命「モルティングバース」**
ゲーム感覚、アバター感覚が自然と身につく

心の束縛、格差社会、環境問題など、メタバースで予測される問題をクリア。モルティングバースによる「教育×ゲーム」で楽しく学びながら心感覚を身につける。

✓ **商品概念のイノベーション**
AIに真似できない「リゾーム組織」つくり

繭のなかの問題をチームプレーによってゲーム感覚でクリアしていくリゾーム組織。組織つくりの競争により経済循環を起こし、世界をひとつにまとめていく。

✓ **心感覚＝Dignity2.0　真の女性性を開花する**
侘び寂び美学を世界に広げる日本のミッション

時代は人類のパラダイムシフトのタイミング。心の時代をひらき、本物の自由と尊厳を具現化していくのは、日本で完成した侘び寂び美学、完全学問、令和ジャパン。

おわりに

点よりも小さな、目にも見えないプロテインの塊との戦い。

人類はいま、新型コロナウイルスパンデミックによって、第三次世界大戦とでも言うべき史上稀にみる人類最大かつ人類共通の危機に直面しています。

人体は、「プロテインの巨大な塊」とも言えますが、それとは比較にならないほど小さなウイルスの猛威と感染爆発に世界中が振り回され、その影響は経済崩壊や心のパニックにまで広がり、未だ収束の兆しが見えずにいます。

脳に支配され、暴力、財力、情報力などに縛られながら、我慢によってつくられた虚構の秩序を卒業し、虚構の意味や価値を一掃し、ディグニティ2.0による世界の新しい秩序を築かなければ人類の未来はない。そんな切迫感に駆られながらこの本を書きました。

今、必要なのは「違い」です。

私は世界を「日本と日本以外」で分けますが、このコロナ禍において日本は、「東京オリンピック・パラリンピック」を無観客開催しました。

世論の大半が反対する中、勇気ある決断で開催に踏み切ったことは、誰も歩んだことがない道を行く、心時代のモデルになるという日本文明の宣言のように聞こえました。

「Ｔｏｇｅｔｈｅｒ」という新たなモットーを掲げた東京オリンピックは、「心」という究極のシンプルさで、いかなる相手ともパートナーを組み、無限の多様性と個性で溢れる尊厳文明を築く使命の一歩を踏み出すきっかけだと感じました。

宗教と科学を超える「美学」に最も近い文明である日本、待つ心、耐え忍ぶ心ですべてを受容しながら信頼関係を築く日本は、尊厳文明を具現化する要です。

私は日本文明に感謝します。

1996年3月、尊厳文明の種を日本文明にみて、以来26年間、JAPAN MISSION／JAPAN DREAM／JAPAN MIRACLEを実践し続けることができました。その間、多くの日本の皆様に支えられ、日本文明への確信は強まるばかりです。

脳による支配に絶望ができれば、心の時代、尊厳文明の扉が開きます。

脳という片翼しかなく、思うように飛べなかった人類の涙にピリオドを打ち、脳と心の両翼で思い切り羽ばたける時代が幕を開けるのです。その時代の幕開けに本書が少しでも貢献できたら幸いです。

最後になりますが、本書を刊行する機会をくださったイースト・プレスの山中進さんをはじめ、刊行までにお世話になった大勢の方々にこの場を借りて心からお礼を申し上げます。

人類よ、思い切り羽ばたきましょう！

We have wings！

2021年12月ノジェス

参　考　文　献

3分でわかる「集中力」の鍛え方日興フロッギー
https://froggy.smbcnikko.co.jp/3981/

ケトルニュース太田出版
https://www.ohtabooks.com/qjkettle/news/2018/03/22094118.html

『産業教育機器システム便覧』（教育機器編集委員会編日科技連出版社）

CNNニュース
https://www.cnn.co.jp/tech/35144382.html

イマドキ20代の疲れとは大正製薬
https://brand.taisho.co.jp/contents/tsukare/detail_43.html

地球温暖化による野生生物への影響
https://www.wwf.or.jp/activities/basicinfo/286.html

世界の10富豪、パンデミック中に資産増加
「人類全体のワクチンが買える額」＝NGOBBCニュース
https://www.bbc.com/japanese/55885158

ノ・ジェス　Noh Jesu

1995年に来日し、福岡で宇宙全ての存在の創造・変化の仕組みである「0＝∞＝1」を発見。以来、One Source Infinity Use（汎用性が無限大）を可能にする「心の半導体」の開発を続け Personal Universe 時代を説く。科学技術の弱点（観点・次元固定）を補う nTech（認識技術）創始者であり、「人生100年単細胞ではなく、今ここ0.001秒人生の多細胞で成り立っている新しい幸せ成功、生き方、働き方」を提案する未来人。また、令和哲学者として世界で一番日本を愛していると自負する韓国人であり、人生を掛けて JAPAN MISSION、JAPAN DREAM、JAPAN MIRACLE を発信・実践し続けている。

2021年12月10日　第1刷発行
2022年 2 月10日　第3刷発行

著　者　ノ・ジェス
発行人　永田和泉
発行所　株式会社イースト・プレス
〒101-0051
東京都千代田区神田神保町2-4-7久月神田ビル
Tel.03-5213-4700／Fax.03-5213-4701
https://www.eastpress.co.jp

執筆協力　岡山未砂
ブックデザイン
本文イラスト　bicamo designs
カバーイラスト　©iStockphoto.com
印刷所　中央精版印刷株式会社

　ISBN 978-4-7816-2031-2